「未来を書く」ことで、どんどん夢は実現する

本田 健
Honda Ken

永岡書店

現実を変えると決めたあなたへ
みなさんは知っていますか？
最高の人生を生き
最高の未来を実現するために
「書く」という
魔法があることを
こんにちは本田 健です

本田 健
きっと、よくなる!
私は今作家として
数々の本を執筆するとともに
一瞬で自分を変える法
本田 健
本田
大富豪からの手紙
「お金と幸せ」「ライフワーク」「ワクワクする生き方」「才能の見つけ方」
などをテーマにした
ユダヤ人大富豪の教え
本田 健
10代にしておきたい17のこと
本田 健
累計750万部突破!!
どっ…
わあっ
500〜1000人規模の講演会やセミナーを全国で開催しています

＊Transformational Leadership Council＝世界のベストセラー作家・講演家が友情を育み、より世界に貢献できるように設立された団体。

そして2019年には
念願のアメリカの出版社から初の英語の著作
『happy money』を
アメリカ・カナダ イギリス・オーストラリアで同時刊行しました
もちろん日本語版も出ています
ヨーロッパ、アジア、中南米など世界25ヵ国以上の国で発売決定！
ken honda
そんな今の私があるのは
学生時代にとあるチャンスに恵まれたことが始まりです
それは
ユダヤ人の大富豪に出会い
お金持ちになる秘訣を教えてもらったこと

その秘訣を自分の人生に応用したことで
複数の会社を経営し
お金から自由になって
29歳でセミリタイヤ生活に入りました
それからは
娘の育児を中心に生活し
成功したい人のサポートをしたり
多くの成功者に会い
たくさんの学びを深めていったのです
その中で
ふとある疑問を抱きました

成功している人とそうでない人の違いはなんだろう?
私はずっと考え
探求し続けていくうちに
人は自分が大好きなことをやって
自分らしく生きていくことこそが
豊かさにつながる
そう考えるようになりました
そしてそれを叶えるための
ある秘密を
メンターから教わったのです

現実を動かすには紙に書くこと
大富豪や成功者はみんな書いている
確かに……!
それは真実でした
私は若い頃から世界中の成功者に会い
話を聞かせてもらう機会に恵まれてきましたが
彼らは常にペンと手帳やメモを持ち歩き
目にしたもの
聞いた単語
ことあるごとに何かを書き留めているのです
話をしている最中にも
ケン、それはおもしろいね!
と、書いているわけです

それ以来
紙に書き出すようにしたところ
私の人生にも信じられないような
うれしい変化が起きるようになったのです
未来のプラン
No.
Date
ワクワクリスト
No.
Date
今、いちばん人類史上「書く」時代になりました
誰でも何かしら書いているはず
ブログ
メール
LINE
Twitter
Face book
しかしキーボードを打つ作業と「紙に書く」というのは
文章を作るという目的は同じですが
意味や効用が全く違います
詳しくは3章でお伝えしますがかなり重要なので覚えていてくださいね
そう、パワフルな力を持っているのは
「紙に書く」ということなのです

「紙に書く」ことで得られることを少しだけあげてみると

・書くことで、自分の好きなことがわかる

・書くことで、思考と感情が整理される

・書くことで、望みが明確になる

・書くことで、年収が３倍から５倍アップする

・書くことで、最高の未来が
向こうからやって来る！

などなど……

とはいえ
「書く」習慣がない
そもそも文章なんて書けない
という人もいらっしゃるはず

この本では誰でも書けるようになる具体的な方法を提案していきます
さぁ、今日からやってみましょう！

「手」と「ペン」と「紙」
現実がどれだけ動いていくか存分に味わってみてください
この三次元のモノ3つで「書く」ということをすると
自分は最高の人生を生きる!!
そう決めたあなたに
この「紙に書く」魔法の書を贈ります

第2章

「未来を書く」ことで夢が実現するしくみとは？

第3章

手で紙に書くことで、現実が動き出す

第4章

こうやって書くと、未来が実現する

——自分の感情を知り、才能を知る

第5章

ありえない、すごい未来は、こうして実現する

——自分の中にあるシナリオの発見

まえがき

自由に人生を生きている人は、普通と全く違う感覚で生きている

私は、これまで、世界中の「幸せに成功している人たち」と親しく付き合ってきました。日常生活を共にした体験から、自由な人生を生きている人は、「普通と全く違う感覚」で生きていることに気がつきました。

物事の捉え方、考え方、感じ方、行動基準、行動するスピードのすべてが普通と違うのです。彼らの習慣や考え方などは、これまでの著書でも触れてきました。

本書では、その最も違うところについて伝えたいと思います。

それは、**「幸せに成功している未来から、逆算して夢を次々と叶えている」**ことです。ステップさえ踏めば、どんなことでもできると考えているのです。

一方で、普通の人は、夢なんて叶わないし、そもそも自分が何をやりたいか、深く考えていません。だから、「本当にやりたいことは何ですか?」と聞かれても、「よく

わかりません」としか答えられないのです。

多くの人は、何のために生きているのでしょうか？

「生活のために仕事をしている」と答える人が多いかもしれません。そして、自分の好きなことは、才能があったり、お金持ちといった特殊な人だけができるのだと考えているのです。

ですから、自分が今の人生以外を生きるなんて、あまり想像できません。


一方、自由に生きている人は、やりたいことがいっぱいありすぎて、どれからやればいいのか、困っているほどです。彼らには、「やりたいことがわからない、好きなことをやらない人生」なんて信じられません。なぜなら、「人生は、ワクワクすること、自分の大好きなことをやるためにある」と思っているからです。

こんな感じで、全く生き方が違うのです。

この本を読み進めていくうちに、いろいろな感情が出てくるでしょう。最初は、何とも言えない気持ちの悪い感じからスタートするかもしれません。

そして、退屈感、がっかり感、絶望感を感じる可能性もあります。

しかし、その先に、あなたが想像してもいなかった世界が広がります。

あなたが、おもしろそうだと思ったら、途中で止まらずに、本書を読み進めてください。

紙に書くと、あなたの未来は動き出す

これまでに、個人的に何千、何万人もの人生に関わってきて感じるのは、人が変わるきっかけって、意外にほんのささいなことが多いのです。

自分が感じた、ちょっとした気づきや違和感が、人生を変えるきっかけになります。

この本に出てくるいくつものエピソードを読み進めるうちに、あなたの感情が動き出したとしたら、そこに注意を向けてみましょう。ポジティブなものも、ネガティブなものも、感情の動きは、あなたの本音を引き出す作用があります。

ワクワクしたら、何に可能性を感じているのか、想像してみてください。イライラ

したり、落ち込みそうになったら、何ができていなくて、そう感じたのかを見てみましょう。自分を誰かと比べているのかもしれません。

「本当は、もっといろいろできたのになぁ」という気持ちが出てきたら、それは自分に対してのがっかり感です。

ということは、無意識のうちに、**実は自分の人生の別の可能性が前から見えていたのです。**

もっと出世していたはず、独立していたはず、結婚していたはずなど、別の生き方ができたのに、と少し後悔しているのです。

そういうことをすべて紙に書き出すと、自分の考え方、現在地、未来も見えてきます。幸せに成功している人は、メモを書いたり、日記を書くのが大好きです。

自分の思い、こうなったら最高だなという未来を紙に書き出すことで、あなたの人生は動き始めます。

詳しくは、本書でお話ししますが、紙に書くことで、いろいろなことが起きます。

自分の過去と向き合ったり、未来をつくるためにも、紙に書くのは必須です。

そうするうちに、いつの間にか感情が揺り動かされていたとしたら、それは、あなたの人生を変えていくタイミングがきたサインです。

大きく感情が動くときは、ポジティブとネガティブの2種類あります。素晴らしい未来の可能性を感じて「ワクワクする」ときと、「そんな未来は絶対に嫌だ」とイライラしたり、落ち込むときです。

いずれも、あなたの未来の可能性です。

この本は、あなたに、**「人生にはいくつもの可能性があって、自分で自由に選択できる」**ことを知ってもらうために書きました。

人の運命の分岐点《ぶんきてん》にたくさん立ち会ってきて、私は、「人は、どんなときでも変われる」と信じています。

同時に、変わろうと思っていても、なかなか変われないのが人間です。なぜなら、今までの習慣、考え方が邪魔をするからです。

運動したり、英語を勉強したりすることや、ダイエット、禁煙をしようと思っても継続が難しいのは、そのためです。

やったほうがいいことをすぐにやり、やめたほうがいいことをすぐにやめられる人は、少数派です。

「頭ではわかっているんですけど……」と言い訳をしながら、変われないまま、今に至っている人は多いでしょう。

でも、本当に、その状態を続けていって、いいんでしょうか？

「イヤ、そろそろ今の生き方を変えたい」と感じているなら、この本は、あなたの人生にとっても役に立つと思います。

この本が、あなたの新しい人生の扉を開けることを心から願っています。

では、あなたが今まで想像すらしていなかった素晴らしい未来へと、一緒に旅しましょう！

ブックデザイン　小口翔平＋岩永香穂＋三沢 稜(tobufune)
マンガ　羽生シオン
校正　くすのき舎
編集協力　佐藤雅美
編集担当　佐藤久美

第1章

夢を叶えている人は、未来から逆算して行動している

「未来から逆算」して、夢を叶える

「未来から逆算して、夢を叶える」と聞いても、「いったい、どういうことなんだろう?」と感じた人が多いと思います。

でも、この本を手に取ったあなたは、それがどういうことなのか、興味を持って、知りたいと考えたはずです。

そして、ひょっとしたら、そのやり方を知れば、これまでとは違う生き方ができるかもしれないと、直感的に感じたかもしれません。

その直感は、正しいと思います。

あなたが、自分の最高の人生を生きていないのは、そのやり方を知らないからです。

世の中には、自分の夢を次々に叶える人がいます。彼らは、自分の未来をつくり出す不思議なパワーを持っています。「○○をやります！」と周りに自分の夢を語り、しばらくして本当に、それを実現させるのです。

私も、20代の頃から、そういう人を見て、ずっと不思議に思っていました。たいして才能があるように見えない人が、どんどん事業を展開していたからです。

最初は、「夢は、たくさんの人に語れば実現するのだ」と考えました。でも、口だけで、全然夢が叶わない人も、いっぱい見てきました。そういう人が、みなさんの周りにもいるでしょう。

なので、言えば叶うわけではありません。

そうやって観察を続けて、あるとき、わかった！　のです。

夢が次々と叶う人は、自分で自分の未来をつくり出しているのだと。

コンピューターの父といわれるアラン・ケイは、言っています。

「未来を予測するいちばんいい方法は、発明することだ」

まさしく、そうなのです。

一流の人たちは、自分の未来を発明する力があるのです。

では、どうやって、やっているのか？

それが、この本のテーマです。

自分の夢をどんどん実現している人は、未来から見て、逆算して夢を実現しているのです。

そのやり方については、いろいろな角度から、じっくりお話ししていきます。

今わかっていただきたいのは、**「自分の理想の未来を見て、そこから考えて、現実を変えていくことは、誰にでもできる」**ということです。

今の生き方と未来のあなたの生き方は大きく違います。

でも、あなたの未来が素晴らしいものになるのなら、どこかの時点で、今の生き方が「普通の現実」から、「理想の現実」へと変わっていくわけです。

それをどうやっていけばいいのか、なぜそれがうまくいくのかについて詳しくお話しします。

その旅に出る前に、あなたの現在地を知ってもらいたいと思います。

人生の生き方には、いろんな種類があります。

まずは、それを5種に分けて、見ていきましょう。

1）社会から距離をおき、引きこもり生活をする
2）周りに期待されることをこなし、忙しいけれど、退屈な毎日を送る
3）普段はあんまり好きではない仕事をこなし、趣味などの楽しいことをやる
4）自分の好きなことを中心にしているが、やらなければいけないこともこなす
5）「ワクワクすることだけ」をやって生きている

あなたは現在、どの生き方に近いですか？

人生に正解はありませんが、いろんな生き方をしている人が同時に存在していま す。どの生き方がいいかではなく、それぞれ、大切にしているものが違います。

世間体を一番に考える人もいれば、生活していくことに重きを置く人もいます。

また、毎日楽しいことをやり、時間に縛《しば》られずに自由に生きたい人もいるわけです。

それぞれの人生観が違うので、生き方のノリも全然違ってきます。

「生活するために、どんな仕事でもやる」と考える人と、「大好きなことしかやらな

い」という人の日常生活がすごく違うのは、誰でも想像できると思います。

彼らは、髪型、服装から、考えること、話すこと、やることが全然違うでしょう。

たとえば、できるだけ間違いたくないと考える人は、何かをやるとき、周りの許可や同意を求めます。また、自分がやることがうまくいくかどうかが気になり、あれこれ心配するかもしれません。

一方で、**自由に生きている人は、おもしろそう、ワクワクする、楽しそう、という理由で行動する**のです。それがうまくいくかどうかは、あまり気にしていません。結果的に、うまくいくこともあれば、うまくいかないこともあります。

でも、そのことで、いちいち、落ち込んだりしません。なぜなら、ダメになったら、また挑戦すればいいからです。

彼らにとって大切なのは、**「自分の心に従って生きる」**ということです。

さて、それぞれの人たちが、全然違う生き方をしているのが、おわかりいただけたでしょうか。今、あなたは、自分の生き方を選べないと感じているかもしれません。

でも、そんなことはありません。

自由に生きている人は、人生を3倍速で生きている

あるときまでは同じスタートラインに立っていたのに、夢に向かって階段を2段飛ばしで駆け上がっていく人と、いつまでたってもたいして変わらない人がいます。

同じ会社の同僚だった人が、会社を辞めて起業し、その分野で注目されていく一方で、毎日「人生を変えよう」と思いながらも、ルーティンの繰り返しに埋もれてしまう人がいます。

いったん結婚しようと決めたら、サッと婚活して素敵な人を見つけ、あっという間に結婚する人がいる一方、「私には運がない」とぼやき続けている人がいます。

この差はどこから生まれるのでしょうか？

答えは、ひと言でいえば、スピードです。

成功している人は、普通の人の3倍速から10倍速で生きています。

たとえば、外国の著名な作家を招いてセミナーを開こうと思ったら、普通なら企画から開催まで、半年から1年ぐらいかけるのではないでしょうか？

先日、私はそれを3週間で実現しました。アメリカのベストセラー作家の友人とスカイプで世間話をしていたら、アジアに行くんだと言うではありませんか。そこで、「じゃ、よかったら、フライトを変更して、日本に寄ってセミナーをやらない？」とお願いして、ＯＫをもらいました。

その晩、案内文を書いて、次の日、セミナールームを予約し、通訳を手配し、メールをリストに流しました。そして、3週間後には、1日セミナーが開催できたのです。

大きなイベント開催ひとつとっても、数週間で実現する人もいれば、数カ月から半年かけて実現する人、何年かかってもできない人がいます。

それは、なぜか？

ほとんどの人は、「やりたいんだけど、いいタイミングがきたらやろうかな」と、ボ〜ッとしているうちに、時間がたってしまうからです。一方で、実現している人は、すぐに動いて、何十ということを即決して、即行動するからこの差が出ます。

周りを見ていると、成功者ほど、物事を成し遂《と》げるスピードが速いのです。

これを**「時間の圧縮」**といいます。

成功している人たちは、あれよあれよという間に、階段を駆け上がっていきます。

独立しようと思い立ったら、すぐに会社を辞めて、別の会社でコンサルタントとして修業。数年して、先輩と一緒に独立という感じで、次々に変化していきます。

一方で、独立しようと思って、なかなか動けないでいる人がいます。もしくは、転職サイトは見ているのに、踏み切れない。登録まではするのに、そこで満足して止まってしまう。そんな感じで、なかなか独立まで行き着かないのです。

やろうと思っても、「できないんじゃないか」という迷いが生じてきて、なかなか取りかかれないでいると、時間がたつばかりで、何も始まりません。

やろうと思い立ったら、どれだけ短時間でできるか、実際にやり遂げるか。そこが重要です。

ヨーイ、ドンの「ドン！」は自分で言って、走り出す

なぜ成功している人が時間の圧縮をできるかというと、「さあ、やろう」と決めてから、実際にやり始めるまでの時間が、非常に短いからです。

たとえば、海外旅行をしたいと思い立ったときを「ヨーイ」だとすると、成功者はその瞬間にすでにけっこう先を走っています。「ドン」を待たずに全力で走り始めるのです。

マラソンや短距離走だったらフライングでアウトですが、人生においては違います。「ヨーイ」という号令を聞いたら、自分でドンと言って、もう5メートル、10メートル走り出す人のほうが成功するのです。

一方、普通の人は、ちゃんと誰かが号令を出してくれるのをスタート地点で待って

います。そして、まだドンがこないなぁと、いつまでもジリジリと待っているのです。「ドン」がかかるまで待たなければいけないと思っているか、そうでないか――。

そこが、成功する人とそうでない人の大きな差といえるでしょう。

たいがいの人は海外に行こうと思っても、そこから有給を取らなくちゃ、お金がもったいないかな、家族に何か言われるかな、友達に嫉妬《しっと》されるかなと、あれこれ考え始めてしまいます。

すると、旅行に行こうと思い立ったときから、実際に調べ出したり動き出したりするまでに非常に時間がかかるのです。

このリードタイムで、多くの人たちが出遅れています。

私は本を書こうと思ったら、すぐにその場で章立てを考えて、その1時間後には前書きを書き終えています。だから、他のいろいろな活動の隙間時間を使って、1週間から1カ月で、一冊の本を書き上げることができるのです。

普通の人は、文章を書こうと思っても「書けるかな」「書けないいんじゃないかな」というネガティブな考えが湧いてきて、そこで足踏みをしてしまうのです。

そして、そもそも何を書こうかなとテーマを絞り込んだり、章立てを考えたりしているうちに、数週間がたってしまいます。それから書き始めては止まり、しばらくしてはまた書き始めては止まる。やっぱり、別のテーマがいいかと思って、全くゼロからやり直しなんていうことをやっている間に、簡単に数カ月が過ぎてしまうのです。

そんな感じで、「ヨーイ」の声とともにスタートラインに立ちはしますが、そこから準備運動を始めるのです。足がつったらまずいからと丁寧《ていねい》に何時間も準備運動をしすぎて、疲れたから今日はいったん帰って休もうとなって、結局、走らないのです。次の日も、またスタートラインに立ちますが、また、準備運動をやって終わります。

3日目になると、やろうとは思うけれど、マラソンの格好に着替えるのが面倒くさくなってきます。そして、だんだんスタートラインに立つこともなくなり、2週間もすると、走ろうと思っていたことさえ忘れてしまいます。

ここで非常に重要なのは、**「ドン！」は誰かが言ってくれるのではなく、自分で言わなければいけない**、ということです。

時間は、未来から流れてくる

普通は、時間は過去から現在、未来に流れていると考えられています。過去が現在の自分をつくり、今やっていることが未来の自分をつくるというわけです。

だから、過去に不快なことがあったり、うまくいかなかったら、それが未来にも影響すると考えがちです。そして、実際に、過去に起きたことに大きく左右されている人たちはたくさんいます。

これからは、少し違う角度で物事を考えてみましょう。

もし、**「時間は未来から流れてくる」**としたらどうでしょう？

そんな突飛《とっぴ》なことを考えられるでしょうか。

過去が現在をつくっているのではなく、たくさんの未来の可能性から、自分が好きな未来をどんなものでも選べるとしたら？

これは捉え方の違いです。未来から時間が流れてくると感じていたら、あなたは過去に縛られることなく、未来を選択することができます。

素晴らしい未来を選ぶことも、つまらない未来を選ぶことも、同じ確率でできます。それだけ、自由になることができます。

未来には無数のパラレルワールド（並行世界）があって、**どの未来がいいか自分で決めることができる**のです。ダメな未来、まあまあの未来、すごい未来といろいろありますが、自分がいいと思った未来の方向に体を向けていたら、その未来がやってくるのです。

未来は現在の延長線上にあると思っていると、体は自然に、これまでの延長線上の未来に向いているので、まあまあの未来しかやってきません。

それは、今までやってきたこと、今やっていることと変わり映えのしない未来です。あまり楽しいとは思えませんね。

「こうはなりたくない」というダメな未来であれば、なおさらです。

これが、普通の人が、たいして変わり映えのしない未来を選択してしまう理由です。

全く白紙の未来を毎日、選択する力があることを知らないのです。


では、ありえないと思うほどの最高の未来を想像できますか？

好きなことをやって、素晴らしいパートナー、友人にも恵まれている未来……。

数年前の私には、全世界で本を出版し、世界中を講演して歩いている未来がまさしく理想の世界でした。**それが実現できたら、死んでもいいと思えるほどワクワクするような未来**です。それを考えただけで、背骨に電流がビリビリ走るようなことです。

自分にとってのありえない未来を生きようと思ったら、それがどういう人生かを調べること。そして、いったん定まったら、その方向に心と頭と体を向けること。それができたら、未来からチャンスが流れてくるので、あとは、それをすくい取るだけなのです。

あなたは、これまでに、有名人の人生についての記事を読んだことがあるでしょう。最近の人物だと、スティーブ・ジョブズやビル・ゲイツ。少し前の経営者なら、ウォルト・ディズニー、本田宗一郎や松下幸之助など。彼らは、みんなゼロからスタートしています。

もし、彼らが、過去の延長線上で生きていたとしたら、工場労働者か、普通のサラリーマンになっていたかもしれません。

なぜ、彼らは、世界的な仕事ができるようになったのか?

それは、彼らが、**未来から人生を考えていた**からなのです。

もし、過去に囚《とら》われていたら、貧乏、病気、挫折《ざせつ》が、彼らの人生を止めたはずです。どうして、極貧の立場から、世界的企業を作れたのか、考えてみてください。

普通に考えると、不可能ですよね。でも、彼らは、普通には考えていませんでした。本田宗一郎は、HONDAがまだ小さい町工場でつぶれそうなときに、みかん箱の上に乗って、世界に進出するんだと大風呂敷を広げていました。

スティーブ・ジョブズは、世界のすべての家庭に自分の作ったアップルコンピュータを置くことを、あたかも当たり前の未来のように語っていました。

彼らは、**「自分の見た未来を信じて、その未来を選択し続けた」**のです。もちろん、途中で何度も挫折して絶望したこともあったでしょう。

それでも彼らが夢を実現できた理由は、自分の見た未来から、目をそらさなかったからです。そして、ある程度の時間差を経て、夢が実現したというわけです。

どんなすごい夢も、幻想からスタートします。最初は周りに笑われたり、バカにされたりするでしょう。なぜなら、その時点では何もないからです。

ウォルト・ディズニーが、フロリダの沼地に世界最大のテーマパークを作ると言ったとき、周りの人は誰も信じませんでした。しかし、彼の頭と心の中では、はっきり見えていたのです。

ウォルト・ディズニーは、ディズニーランドの完成を見ずに、亡くなりました。でも、私たちは、何十年もたってなお、彼のワクワクのおかげで、素晴らしい時間を過ごせるのです。

目的地＝あなたにとって、ありえない「すごい未来」を決める

未来は向こうからやってきます。あなたが望んでも、望まなくても。

あなたが何も決めずに、ただ漠然と毎日を生きていれば、今の延長線上にある普通の未来しかやってこないでしょう。

あなたにとってのありえないすごい未来、最高の未来とは、具体的にはどんなものでしょうか？

今のあなたに、想像がつきますか？

大好きなことを仕事とし、豊かな収入があり、仲のよい家族と気の合う仲間に囲まれ、好きな所に住んでいる――、そんな人生があなたにとって最高でしょうか？

そうだとしたら、その仕事とは、いったい何でしょう？

収入はどれくらいあればいいでしょう？

住む場所は今の所でいいのでしょうか？　それとも、外国でしょうか？

どんな人と結婚したいでしょう？　もしくは結婚せずに、どんなパートナーシップを結びたいと思っていますか？

あなたが望む最高の未来を詳細に思い描いてください。

その未来像が具体的であればあるほど、その未来は確実に現実化します。

なぜなら、**望む未来を決めた瞬間、そこに続く道筋が見えてくる**からです。その道筋は、過去と現在の先にはないから見えないのです。


たとえば、サラリーマンを20年頑張ってきましたという人が、いきなり起業して成功できるかというとできません。なぜなら、その道筋の先には定年退職し、普通の老後を過ごすという未来が続いているので、まず辞めることが難しいからです。

専業主婦でパートを続けてきた人が、子どもの手が離れたからといって、いきなりプロのクリエイターにはなれません。理由は同様。過去が現在をつくり、現在が未来をつくるという生き方をしてきた人には、全く違うありえないすごい未来は用意されていないのです。

もちろん、本人が本気で決めたらできるのですが、自分にできるはずがないよねと思っていると、それが難しくなるのです。

ありえないすごい未来を生きようと思ったら、

1）ありえないすごい未来を詳細に思い描くこと
2）その未来を見て、そこに向かって走り出すこと

この2つが必要です。

すると、ありえないすごい未来と自分との間にエネルギー的なつながりが起こり、自然にその未来へ引っ張られていくのです。

それは、今は不思議なプロセスですが、いずれ科学的にも解明されるでしょう。

人は、自分の意識する方向に向かっていくのです。

目的地までの距離を知る

走り出したら、同時にするべきことは、目的地までの距離を知ることです。

旅に出るときは、事前に交通手段を調べ、どんな方法で行くかを考えるでしょう。

人生の旅は、最初は手ぶらで、何も考えずに走り出してOKですが、サンダルで走り出したら、300キロを走破するのは大変です。

すると、まず靴に履き替えることが必要ですし、すべての行程を走るのは無理だから、どんな手段で行くかを考えなければなりません。

真面目な人は、人と違うことをするのが苦手ですから、周りのみんなが走っていると自分も同じように走ろうと思いがちですが、人生というゲームにおいては、ルールというのはあるようでないものです。

目的地まで行くのに自転車でもバイクでも、車でも新幹線でもいいのです。そのお金がなければ、どうやって手に入れるかを考えればいいのです。

友達に「〇〇に行こうと思っているんだ」と言ったら、「ちょうど車で向かうから、乗せてあげるよ」となるかもしれません。

そんな都合のいいことが起こるのかなぁ、と思いますか？

実際に、決めた未来に向かって走ってみればわかりますが、その道程では思いもよらないシンクロニシティ（＝人生を変える偶然）が次々に起こるのです。

あれもない、これもないという手ぶらの状態だったのに、沿道の人たちが渡してくれたものを見たら、必要なものがすべて揃っていたということもあります。

今まで通りの人生を生きていたら、エキサイティングなことは起こらないでしょう。

「人生を変えよう」と思って走り出した人にだけ、「ああ、走るってなんて楽しいんだ！」と思えるワクワクがたくさん用意されているのです。

目的地までのステップを知る

目的地までの距離がわかったら、次に、どんなステップがどれくらいの数あるのかを調べていきましょう。

これをきちんとやらないと、走っているのに全然、目的地に到達しない、という悲惨なことになってしまいます。

たとえば、「毎日ブログを書いています」という人。あまり読者がなく、アクセス数が伸びてもいないけれど、とにかく毎日3時間かけて書いていると言いますが、果たして、この人はベストセラー作家になれるでしょうか？

「毎日、歌っています」という人もいます。カラオケのハッピーアワーを利用して、毎日3時間歌っています、夢は人気歌手になることですと言います。しかし、この人がＮＨＫの『紅白歌合戦』に出ることはないでしょう。
「毎日やっている」から「プロになれる」わけではないのです。
つまり、ステップが外れていたら、いくら踏んでも目的地には到達しません。
あなたがありえない未来を描いているのだとしたら、そこに到達するまでのステップをきちんと見極めること、それをすべてクリアーしていくことが必要なのです。

その目的が、人気作家になる、歌手になる、パン屋、花屋、レストランを開業するなど、何であっても、夢実現には普通30から１００個ぐらいのステップがあると思います。

この本を読まれている方の中には、本を書きたいという方もいると思うので、作家になることを例にとってみましょう。

学校の先生になるのであれば、大学に行って教員免許を取るとか、具体的なことがイメージしやすいと思います。でも、作家になろうと思っても、どういうことをすればいいのか、さっぱりわからないのではないでしょうか。

では、単なる作家ではなく、ベストセラー作家になる方法を考えてみましょう。

最初にやらなければいけないのは、「どんな本を書くかを決める」ことです。

ここをクリアーして、実際に本を書き始めるときにもステップがあります。

たとえば、①本のタイトルを決める、②章立てを決める、③どんな立ち位置で書くのかを決める、といった10個ぐらいのステップが出てきます。

本を書くこと以外にも、「出版社を探して、契約する」というステップもあり、これも、①編集者に企画のＯＫをもらう、②出版社と契約を交わす、といったまた10個ぐらいのステップに分かれます。

そして、本が完成したら、「売るしくみをつくる」というステップがあり、これもまた10個くらいに分かれます（ステップについての詳細は→ｐ１５８）。

あなたがベストセラー作家になろうとしているのであれば、必要なステップをどれだけ早く知るかが大事です。

そうしないと、アクセス数の伸びないブログを毎日書くという、的外れの努力を何年もしてしまいがちです。もしくは、原稿がプロのレベルに達していないことに気づかず、出版社への売り込みばかりを一生懸命してしまうのです。

それは、必要なことを調べきっていないからです。

こうして、せっかく走り始めたのに、目的地に到達する前に挫折してしまう例も少なくありません。

重要なのは、ステップの見極めをなるべく早くすることです。

そして、自分が的外れなことをやっていないかどうかを振り返り、ズレているところがあれば、そこに気づいて修正することが必要です。

間違っても、ステップの情報収集に3年もかけたりしないでください。

では、3カ月でするか、3週間でするか、3日でするか――。時間を圧縮する人であれば、3時間でしようと考えるかもしれません。すでにベストセラーを出し続けている作家や編集者と知り合って、教えてもらうこともできるのです。

お店をやりたい人は、成功しているお店のオーナーに直接話を聞くことで、回り道をしなくてすみます。これは、どんな職種でもそうですが、専門家にお金を支払って教えてもらう方法もありなのです。

時間を圧縮して、投資を回収できると考えれば、結果的には安いものでしょう。

ただし、たいした実績を持っていない人に教えを請《こ》いに行くと、その情報が役に立たないため、かえって道に迷ったりします。

誰が正確な答えを持っているのかを見極めるセンスも必要です。

私が、世界的に出版したいという夢を持ったとき、それに関する情報を持っている人は、すぐには見つかりませんでした。

誰がその情報を持っているのかを探り当てるということが重要になってきます。

こうしたステップを正確に調べ、ひとつも踏み外さなければ、どんな人でも目的地に到達することができます。**このステップは、「現在から未来へのもの」と、「未来から現在へのもの」の2種類を調べる必要があります。**

それをすることによって、作家になるだけでなく、転職をする、起業する、お店を開く、プロのクリエイターになる、海外移住する、理想の結婚をするなど、それがどんなことであれ、思い描いているすごい未来が明確になります。

先に、未来をイメージして、そこから逆算して、どういうステップがあるかも考えるのです。

これは今までのように、現在地からコツコツ積み上げていくやり方ではありません。コツコツやっていては、現在の延長線上にある未来にしか行けません。

すごい未来を見て逆算するからこそ、今まで見えなかった新しいルートやステップが見えるのです。

そして、その道筋をたどり、階段を上っていけば、途中で、常識では考えられないワープのような、大ジャンプを何度もすることになります。

自伝などを読んでいて、ときどき「あれっ」と思うのは、普通だとありえない展開が起きて、あっさりすごい未来が実現してしまうことです。

それが、あなたの人生にも起きるのです。

成功している人が、みんな手書きで、紙に夢を書いている理由

「未来は、書くことで実現する」

というのは、私の大好きなテーマのひとつです。

成功する人は、「そんな簡単なことなら、やってみよう」と思います。でも、普通の人は、「そんなことで成功できるぐらいなら、苦労しないよ」と懐疑的になって、やりません。

それが、残念ながら、人生の分岐点になっているのです。

「サラリーマンを辞めて起業する」と決めていても、今の行動パターンを変えて、いつもとは違うことを試してみなければ、現実はなかなか動きません。

その一歩を踏み出すには、「紙に書く」ことが必要だと思っています。

私は30年も前に、メンターに「紙に書く」大切さを教わりました。そして、ただ書くのではなく、紙に書いて成功する方法も教えてもらったのです。それは、「夢を書く」「未来を書く」ということです。

それ以来、定期的に紙に未来を書き出すようにしてきました。すると、私の人生には、信じられないような変化が起こってきたのです。

さらに、私は今まで一般の方から大富豪まで、日本国内のみならず、海外でも、実に多くの人に出会ってインタビューをする機会に恵まれてきました。

そうした出会いの中で気づき、学んだことのひとつが、やはり大富豪や成功者ほど**「紙に書いている」**ことだったのです。

彼らは手帳であれノートであれ、常に紙とペンを携帯して、コツコツと書き留めています。きっと一日のうちのどこかでそれを読み返し、アイデアを練ったり、我が身を振り返ったりしているのだろうと推測できました。

ごく若い人を除いて、みんな手で書いています。そのほうが覚えていられる、というのが理由です。

こうした自身の経験と、実践している大富豪や成功者を見て確信しました。未来は書くことで実現すると。

だから、「夢はあるけれど、なかなか実現しない」という人にこそ、「紙に書く」ことをお勧めしているのです。

もうひとつ、「毎日書く習慣をつける」ということには、いろいろな副次効果があると考えています。

そのひとつが、自然にお金がついてくる、ということです。

そう、夢や目標を日常的に書いている人は、年収が高いのです。

書くということは、自分と向き合う作業でもあります。

「手帳にＴＯ　ＤＯを書いている」という人はたくさんいると思いますが、もう一歩踏み込んで、深いレベルの自分の思考や感情にアクセスしてください。

なかでも、意識的にはなかなかアクセスできない自分の「無意識」にアクセスすることで、自分の中に眠っているさまざまな可能性に気づくことができます。

自分の中の可能性とは、まさに、ありえない理想の未来という可能性であり、紙に書くことで、その領域に自然につながれるようになるのです。

そうして「書く」ことが習慣化されていくと、あなたは「自分発」の言葉で書く力を手に入れることができます。

誰かが書いた言葉を借りたり、真似したりするのではなく、自分の言葉で自分らしい文章を作り出すことが当たり前にできるようになるのです。

仕事をしていく上で、「話す力」と「書く力」を兼ね備えている人が、普通の人より成功しやすいのは目に見えているでしょう。

第2章

「未来を書く」ことで夢が実現するしくみとは？

あなたの目の前には、たくさんの未来の可能性がある

あなたの目の前には、いろいろな未来があります。

今までの人生の延長線上にあるごく普通の未来もあるでしょう。それは、比較的イメージしやすいはずです。サラリーマンや公務員の人は、上司を見るだけで、自分の数年後がわかります。自営業の人も、この数年、同じような売上や仕事内容であれば、数年後の生活は想像できるはずです。

反対にここから、不運の連続で人生が下り坂になることもあるし、人生急上昇ということもあるでしょう。パートナーがいない人は、新しい恋人が現れたり、結婚している人も、数年後には、新しい人といるかもしれないのです。

そんな未来の中から、**どういう未来を選ぶのかは、あなたのこれからの日々の選択**

で決まります。なんとなく流されるように生きていたら、すごい未来、ワクワクする未来はつかめません。また、仕事で手を抜いたり、お金や男女関係でいい加減なことをしていたら、どんどん未来は暗いものになるでしょう。

もし、あなたがワクワクするような未来を選びたいなら、夢はどうやって叶うのか、というメカニズムについても知る必要があります。

世の中には、次々に夢を叶える人がいる一方で、何も起きない人もいます。彼らは、何が違うのか、観察するのです。ごく身近にも、2種類の例があるでしょう。ほぼこのまま5年、10年人生が変わらないだろうなと思う人は、周りにいませんか？

会社の上司、両親や親戚のおばさんなんかがそうかもしれません。

一方で、夢を追いかけている先輩、友人、後輩がいるはずです。彼らは、どこが違うのでしょうか。学歴、才能のレベルは、そんなに変わらないかもしれません。

夢を叶えられる人とそうでない人の差は、夢がはっきりしているかどうかにあります。これから、夢には、どういう段階があるのかということについて、お話ししましょう。

夢が実現するまでの4つの状態

「こういう未来がいいなと思い描いています。でも、現実が、全然変わらないんです」と言う人がいます。

そこで話を聞くと、なるほど、これでは変わらないはずと納得します。

なぜなら、なんとなくイメージしているだけで、何も行動していないからです。

決めた未来が実現するまでには、４つのレベルがあり、何も変わらないという人は、夢の中にいて、本当に現実を変えたいと考えていないからです。

現実との向き合い方には個人差があるので、自分がどの段階にいるのかを正確に知って、意識的にステップアップしていくことが大事です。

ここでは、その４つのレベルについて見てみましょう。

第一段階は「白昼夢」のレベルです。

白昼夢というのは、「こうなったらいいなぁ」というぼんやりした夢であり、空想です。そこに現実味はほとんどありません。

たとえば、テレビや雑誌で見たから、自分も「起業家として大成功したいなぁ」「世界中をプライベートジェットで旅したいなぁ」「スターやモデルと結婚できたらいいなぁ」と、ぼんやり思っているようなことです。

それは、全く実現する根拠がなく、単に憧れている状態です。思い描く映像は細部がはっきりしないので、どうしたら大成功した起業家になれるのか、スーパースターと結婚したらどんな生活になるのか、イメージできません。

だから、**実現の可能性はほぼ0%**といえるでしょう。

その夢が自分の今いる世界とあまりにもかけ離れているため、本人も、「きっと無理だろう」ということは知っています。

すると、その願望に対して、本気で何かをしてみようといったエネルギーが湧いてこないので、行動に移すところまでいかないのです。

第二段階は「蜃気楼」です。

「蜃気楼」というのは、実際にある街などの風景なので、ぼんやり見えています。どこにあるかはわからないけれど、それはこの世の果てのように遠い所ではなく、だいぶ向こうではあるが、頑張ればなんとか行けるかもしれないという距離感です。

現実的なことでいえば、「海外に住みたい」「趣味のお店を出したい」「結婚したい」というように、頑張れば実現可能な未来を思い描いている段階でしょう。

しかし、海外というのはどこの国なのか、どこにどんなお店を出したいのか、結婚相手に求めるものは何なのか、といった具体性はまだ曖昧《あいまい》です。

時期についても「いつか」できればいいなという段階です。

「叶えたい」という気持ちは、白昼夢を見ているときよりは高まっていますが、なかなか行動に移すところまではいっていません。

人間は習慣に流されてしまいがちですから、**「いつか」と思っている時点で、その願望が叶う確率はかなり低い**といえるでしょう。

実現の可能性は20~30%といったところです。

第三段階は「遠くに見える景色」です。

たとえば、富士山を遠くから望むように、その夢は現実にあるものとしてはっきり見えています。方向も、およその距離もわかっているので、頑張れば到達できると確信しています。

それは、「期限付きの具体的な願望」になっている状態です。「○年○月までにハワイの○○に移住する」「○年○月までに、北海道の小樽に行列ができるパン屋を開く」などと決めているでしょう。

この種の夢は、前人未到の岩山に登ろうなど、不可能に挑戦するのとは違います。もうすでに登って経験済みという人たちが過去にたくさんいますから、不可能ではないとわかっています。話を聞いてアドバイスを受けることもできます。どんな装備と準備が必要かといった情報を集めることもできます。

しかし、実際に目的地に到達するまでにはたくさんのステップがあるので、踏み外さないように登って行かなければなりません。

この段階では、もう最初の一歩を踏み出しているはずですから、その方向性で合っているかといった確認も必要です。

ここからステップアップするには、必ず到達するという強い意志と、時間と、お金と、エネルギーが必要です。そして、周りの人たちからの応援も必要です。

これまでに何百人、何千人もやってきたことなら、あなたにもできます。**何が必要で何が必要でないかを区別する知性と、行動力があれば、大丈夫。**

もしかしたら、途中で何度か挫折しそうになることがあるかもしれませんが、もう走り出しているので、実現する確率はかなり高くなってきているでしょう。

その**可能性は、50〜70%**といったところでしょうか。

最後の**第四段階は、「すぐそこにある近景」**です。

もうすぐそこに見えていて、ちょっと歩けば行ける距離にある場所です。

これはもう、実現することがほぼ決まっているもので、その**可能性は80%以上**です。ゴルフでいえば、ボールがもうグリーンに乗っている状態。1回目のパットを外したとしても、あと2、3回打てば、絶対に入るといったところにいます。

結婚でいえば、素敵なパートナーと巡り会って婚約し、もう式場と日取りも決まって、あとは席順を決めたり、招待状を発送するぐらいの状態です。

もう、努力も、頑張りも、すごい準備も、そこまでいりません。

結婚相手にドタキャンされるといった予測不能のアクシデントがない限り、その夢は実現するでしょう。

ここまでくれば、たいていのことは、ほぼ実現するところまできています。

思い返せば、ここに来るまでにいろんな大変なドラマがあったでしょう。お金が足りない、予想外のアクシデントが起きた、契約が取れなかった、銀行の融資が下りなかった、社員が一斉に辞めたなどです。

でも、そこで**めげずに、ひとつひとつ対処したおかげで、長年の夢が実現する**ことになっています。

夢の誕生、成長、実現

では次に、この四段階を確実に上っていくには、具体的に、どういうことをすればいいかを挙げましょう。

第一段階の白昼夢は、すべての人が通る場所です。自分が今そうだからといって、がっかりすることはありません。言ってみれば、夢の誕生の時期で、どんな世界的起業家も、アーティスト、革命家、宗教家も、ここからスタートしました。

しかし、たいていの場合、自分でも「どうかしたのかな」と思ってしまいます。なぜなら、あまりにも無謀で突拍子もない夢だからです。そして、周りの人は、呆《あき》れるか、批判するでしょう。身近な家族や友人は、絶対に無理だと言って、止めようとするかもしれません。

私も、20年前に「作家になりたい!」と思ったときは、この白昼夢の段階でした。それは、文章を書くなんてやったこともないし、やれる自信もノウハウも、人脈もなかったから当然だといえるでしょう。

でも、自分の中では、大きなステージで講演したり、ベストセラーの本が本屋さんに山積みになっている未来が、はっきりと見えました。そうは言っても、他の人は見えないわけで、夢実現の道の最初の難関でもあります。

白昼夢から次のステップに行くには、いったん、夢から目を覚ますことです。現実を冷静に見ることです。

料理が苦手なのに、シェフになりたいと思っていたり、英語もろくに話せないのに、ハリウッドスターになれると思っているのだとしたら、目を覚まして現実を見ることです。

それが、自分に本当にできるのか、本気でワクワクすることなのかを検証し、やった人がいるとしたらどうやったのかを調べ始めましょう。

その途中で気分が盛り下がったら、単なる憧れや白昼夢だったということです。

大きな夢を実現している人は、すべてゼロからスタートしています。なので、あなたが今何も持っていなくても、夢を見る資格はあります。ただ、そこから、本当に夢に向かって具体的にワクワクしながら、何百という体系だった行動を取れるかどうかが、人生の分かれ目でしょう。

第二段階は、蜃気楼の状態です。

現実を見て、自分にどれだけそれが本当にできそうかを、より具体的に見てみましょう。場合によっては、この段階でも夢の見直しをすることが必要です。というのは、ワクワクしていたのは単に憧れていただけで、自分が本当にやりたいわけではなかった、ということもよくあるからです。

また、自分が持って生まれた能力とマッチしていなかったり、現在の自分とあまりにもかけ離れていて道筋が全く見えないものは、実現不可能な夢かもしれません。

でも、夢を100%捨ててしまう必要はないのです。プロ野球選手にはなれなくても、本当に野球が好きであれば、野球関連の仕事はたくさんあります。

料理やレストランが好きな人なら、大きな画面で世界の野球中継をするスポーツカフェをすることもできます。また、旅行が好きなら、アメリカの大リーグ観戦のツアーを専門でやるという仕事もありえます。それを考えるだけで刺激的で、ワクワクが止まらないといったことを探してみましょう。

ぼんやり「いいなぁ」と思っている段階から、そのことを考えると「やりたい」という気持ちが高まってエネルギーが湧いてくることを、できるだけ具体的に思い描くのです。

そうすると、蜃気楼だったものが、**「ひょっとして、自分にもできるかも」**と感じられるようになります。そこから、より具体的に動けるかどうかです。

蜃気楼の状態を出て夢を実現するためには、明確な意志も必要です。

もし「海外に住みたい」と考えているのであれば、どの国のどの街に住み、どんな家を買うのか・借りるのか、どんな仕事をするのか、いくらお金が必要なのかといった細部を、できるだけ具体的に決めていくことです。

そして、それを実現させると本気で決めて、すぐに行動に移すことです。

リサーチでもいいので何かひとつ始めてみると、次のステップが見えてきます。たとえば、その街に住んでいる人のブログを発見し、連絡を取ってみるのもいいかもしれません。

ひとつの行動がエネルギーとなって、それが次の行動につながっていくのです。

結婚でいえば、自分の理想のタイプを把握して、こんな結婚生活を送りたいというところまで具体的に思い描きます。そうなったら、あとは、実際に相手を探すための婚活を開始するのみ。

それも、理想のタイプが決まっているのですから、適当な婚活パーティーに参加するのではなく、そうした人がいそうなところに出かけていきます。すると、運命の人と巡り会う可能性がぐっと高まります。

そんな一歩を踏み出さずにいたら、いつまでも夢は夢のままで終わってしまいます。

次の遠景からステップアップするには、目的地に到達するまでの階段（ステップ）をすべて上りきることです。

未来を決めて、シンクロニシティを引き起こす

ここまで読んできて、「自分でもできそう！」と感じたでしょうか？

それとも、「けっこう道のりは遠いんだなぁ」と心配になったでしょうか？

もし、心配が出てきたとしても、大丈夫です。

願望達成までの道のりには、「シンクロニシティ」という強い味方がいます。ここでは、シンクロニシティについて説明しましょう。


シンクロニシティとは、人生の中で起きる「偶然に見える出来事」です。

それは、特別なものではありません。

誰でも、思わぬ場所で、思わぬ人に出会ったという経験があるでしょう。意識しな

ければ、その出来事は「ただ会った」だけですが、「シンクロニシティかも」と思って話しかけてみたら、自分が得たい情報をもたらしてくれる人だった、ということがあるのです。

こうしたシンクロニシティは、すごい未来を明確に決めることによって次々に起こります。そして、「こんなにスムーズに進むなんて！」と当の本人が驚くほど、トントン拍子で願望達成への道へ導いてくれます。

大成功した人の話を聞くと、よく「〇〇の広告を見てひらめいた」とか「失敗した試作品をなんとかしようとして思いついた」とか、偶然に遭遇《そうぐう》することによって大ヒットへの突破口が開いたということがあります。

実は、気がつかないだけで、こうした数々の偶然が私たちの人生をつくっています。

あなたの親友は、同じ学校で同じクラスメートだったりしませんか？　趣味はたまたま雑誌で見かけたことで始まっていたり、今のパートナーは同じ職場の人や友人の紹介だったりしないでしょうか？

シンクロニシティはある特定の人だけに起きるものではなく、誰でも日々たくさんのシンクロニシティに遭遇しているのに、それに気づいていないだけです。まして、それに乗ったり、乗らなかったりすることができていません。

では、大成功している人と普通の人のシンクロニシティは、どこが、どう違うのでしょうか？

その前に、シンクロニシティのメカニズムについて説明しましょう。

シンクロニシティを引き起こすのは、空気中に流れているラジオの「電波」のようなものです。

ある周波数に合わせるとＮＨＫが聴けて、別の周波数に合わせるとＪ－ＷＡＶＥが聴けるように、シンクロニシティにはあらゆる周波数が存在しています。

そして、この世の中のあらゆるところで、常に起きています。あるとき突然に起こるものではなく、今現在も絶えず、どこでも――つまり、あなたの周りでも今、起きています。

その中から、どういったシンクロニシティを受け取るかは自分次第。

あなたがこうした未来を実現させるという目標を設定すれば、そこに周波数が合うので、その達成に必要なシンクロニシティの情報を受け取れるのです。

あなたは、今までにも無数のシンクロニシティを受け取りながら、今の人生を歩んできました。

なのに、その人生をつまらないと感じているとしたら――。

今までのあなたの周波数は、「普通の人生」に合っていたということです。

なので、人生を変えたければ、ワクワクする周波数に変えましょう。そのためには、あなたが生きたいと思う、すごい未来を明確に描くことです。

たとえば、「海外旅行をしたい」「起業したい」という願望があったとしても、それでは必要とするシンクロニシティは起きません。なぜなら、目標設定が漠然としすぎているからです。

そこで、「ハワイに行きたい」「中学生向けの学習塾を経営したい」といった具体的なキーワードを書きます。すると、はっきりとわかりやすいシンクロニシティが次々に飛び込んでくるようになるのです。

それは、突然起こったのではなく、常にたくさん起きているシンクロニシティの中から、あなたの脳が気づいてキャッチし始めたということを意味します。

いつもと同じルートで通勤しているのに、目標設定をしたとたん、今まで気づかなかった看板や広告が、やたら目に飛び込んでくるようになったりします。

毎日、顔を合わせている会社の同僚のお姉さんが、実はハワイに何年も前から住んでいるとか、後輩の実家が学習塾を経営していたということを改めて知ったりするのです。


宇宙存在のバシャールは、**「シンクロニシティは、目標を決めると動き出すメカニズム」**と語っています。

言ってみれば、車のＧＰＳと同じで、いったん、目的地をインプットしたら、それに伴って、ルートが自動で計算されます。いったん動き出したら、今度は途中で必要な情報がベストなタイミングでやってきます。これが、シンクロニシティなのです。

シンクロニシティのストーリーを読み解く

シンクロニシティにはわかりやすいものと、そうでないものがあります。アイデアを探しているときに、本屋に入って何気なく手に取った本にヒントがあった、ということもありますが、「なぜ、ここでこの人と会ったんだろう？」と首を傾げる場合もたくさんあります。

このシンクロニシティを読み解く力は、いろいろ体験することで、自分の中に培《つちか》われていきます。そして、自分なりのパターンがあることもわかってきます。

私の場合は、電車に乗り遅れるとか、飛行機が遅延するといった「何かが遅れる」ことによって、ある人と偶然に出会うことがたびたびあります。そのときは、意味がわからないのですが、その人が必要な人を紹介してくれたりするのです。

ですから、今では何かが遅れることがあったら、それにイライラするのではなく、次を待ったら何かあるのかなぁと思う余裕があります。すると、ふらりと入ったカフェで、ご無沙汰していた知人に、何年ぶりかで偶然会ったりするのです。

こうして「遅れる」「うまくいかない」「予定が急にキャンセルになる」といったことがあると、きっとシンクロニシティが起こるんだろうと思うようになりました。

あなたも、意識していると、シンクロニシティに出会った後、そこに隠されたストーリーを読み解く力がついていくでしょう。

旅行に行こうと思って調べていたら、予定していたホテルが満室で、別のところに行ったら、10年ぶりに友人夫婦と夕食の席が隣になったりするのです。気に入った物件があって契約しようと思っていたのに審査に落ちることがあったら、それは、もっといい物件に巡り会うための布石《ふせき》なのです。

これも時間差で、あれがチャンスだったんだと、しばらくたってから気づくのです。こうした経験を積んでいくと、がっかりする場面で、無用に落ち込まなくてすみます。逆に、「これは、チャンスでは？」とポジティブな発想に転換できるのです。

シンクロニシティが起きないという人は……

あなたの今の日常には、どれくらいシンクロニシティが起こっているでしょうか？もし、何も起こってないという人は、なんとなく生活しているからかもしれません。自分のやりたいことがなかったり、目標としている未来が、本当に心から望んでいないものであれば、シンクロは起きにくいのです。

シンクロニシティには、心がワクワクして毎日を楽しんでいるときに起きやすい、気づきやすいという法則があります。

今、シンクロニシティが起きていない人は、何も設定していない可能性がありま す。夢があったとしても、その未来に実はそれほどワクワクしていないかもしれません。

もうひとつ、**シンクロニシティには、扉をすぐに開けないと、閉じてしまう**という法則もあります。つまり、反応の遅い人は、気がついてもグズグズしているうちに、せっかくのチャンスをつかめないのです。

電話がきたらすぐに出る、出られなかったらすぐ折り返す、メールにすぐ返信する、誘われたらすぐに「行きます」と言うなど、スピード感のある対応が必要です。

それができない人は、心の中で「シンクロニシティに従って生きるのは怖い」とか「自分のコントロールを手放すのは危ない」と考えているかもしれません。

そういう観念があると、「これはシンクロかも！」と直感で思っても、自分にブレーキをかけてしまうでしょう。

シンクロニシティに気づいて、その流れに乗っていきたいと思ったら、心は常に世界に向かって開かれた状態で、ワクワクしていることが大事です。そういう状態で常にいることができれば、シンクロニシティに気づき、まさに「あなたが今必要としているもの」が運ばれてくるでしょう。

ちなみに、シンクロニシティは、こちらの心の準備が整っていようがいまいが、起きているものです。パーティーに出て名刺交換しているときなどは、もう準備万端、シンクロが起こるのを待ち構えている状態です。

でも、そんなときより、トイレでばったり会った人とか、帰りのエレベーターで一緒になった人など、ふと気を抜いた「今？」というようなときに、訪れたりします。

その機会を逃さず、瞬時に気がつけるように、準備しておきましょう。

こうしてシンクロニシティは、あなたを目的地まで不思議なやり方で連れて行ってくれます。

あなたの意志と行動力も必要ですが、苦労に苦労を重ねて到達するのではなく、ウキウキ楽しい気分で歩いていたら到達できた、ということになるでしょう。

自分のスキルを磨きつつ、その一方で「お店を開くにはどうしたらいいんだろう？」という好奇心のままに調べてみる……といった、必要なことをしていればいいのです。

すると、シンクロニシティがやってきます。

シンクロニシティは、たいがい人からもたらされますが、その人はあなたを助けるためにやってくるのではありません。その人たちは、それぞれ自分の人生の流れで、たまたま、あるところで、あなたの人生に関係してくるのです。

「僕の目的地はこっちなんだけど、やあ、偶然に出会ったね。あなたに必要な情報を持っているから、これをあげるよ」「レストランを開業するなら、融資してくれる銀行があるよ」と教えてくれるのです。

本人は、それが、あなたの人生を劇的に変えたり、サポートすることになるとは、夢にも思っていないでしょう。ちょっとした誰かとの縁が、あなたの人生を前に押し出していくのです。

なので、自分が行きたい場所、目的地が決まったら、あとはこのようにシンクロニシティの波に乗って人生を動かしていきましょう。

そのためには、**「シンクロニシティが起こったときに、それを受け取れる感性」**と**「そこで行動を起こせる瞬発力」**が大事になってきます。

現状に感謝して満足しつつ、普段の目線を上げる

私たちのほとんどは、日常生活に追われています。学校、仕事、子育て、介護、そのそれぞれにやらなければいけないことがたくさんあって、気がついたら、一日が終わっていた、なんてことが多いのではないでしょうか。

ありえない未来、理想の人生がちらっと見えたとしても、日常とあまりにもかけ離れているので、意識がそちらにいかない人もいるでしょう。

願望達成について興味を持ち始め、実践し始めて30年になりますが、私も、いつも、日常のやらなければいけないことに絡《から》め取られている自分に気がつきます。長年かけて、大好きなことを中心に生きられるようになっても、それでも、現状に満足してしまう自分がいます。

もちろん、それはそれで幸せなことですが、そこで止まっていると何も起きません。

人生の幸せにはいろんな形があります。現状にとても満足して幸せを感じることと、新しいことに挑戦することは、正反対のエネルギーなので、上手にバランスを取らないと、どちらかに偏《かたよ》りがちになります。

今のあり方だけに満足してしまうと、成長がないし、変化ばかり求めていては、目の前の幸せを逃します。

いろいろ実験してわかったのは、**「現状に１００％満足しながら、目線を上げる」**ことが充実した人生には必要だということです。

今の人生は１００％満足で最高だという感覚を持ちながら、でも、もっとできることはあるし、それが楽しみでワクワクする感覚を持つということです。

たとえば、私は今、日本のベストセラー作家として、自分のやりたいことを好きな人たちと一緒に、大好きなクライアントや読者のためにできる幸せを感じています。同時に、これから英語圏や中国語圏での活動を増やすことで、これまでの何十倍もの規模で貢献《こうけん》できることに、ワクワクしています。

でも、気をつけないと、そのバランスが崩れてしまいます。

ある日本の実業家が、インタビューで、「長者番付の常連であることについてどう思いますか？」と質問されていました。彼は、「日本ではすごいかもしれないけれど、世界規模で見たら、自分なんかちっぽけな存在。全然ダメだ」と答えていました。日本で有数の実業家として大成功して、ありえないぐらい幸せを感じてもいいのに、そうでないことに、彼の成功への情熱と焦りを見る感じがしました。

昔の経営者に多く、目標志向になると、陥《おちい》りがちなパターンです。

もし彼が、「おかげさまで、日本では成功を収めることができました。今、本当に幸せで、感謝しています。でも、同時に、これから世界中にお店を出せることにもワクワクしています。本当にありがたいことです」と言えたとしたら、彼自身も、会社の人たちも、もっと幸せを感じられるでしょう。

今の人生に満足しつつ、目線をどう上げられるか、意識してください。

第3章

手紙に書くことで、現実が動き出す

書くことで、「普通から、ワクワクする人生」に、切り替わる

前章からお話ししているように、人生は一度しかないのに、なんとなく消化試合をこなすような生き方をしてしまっている人がたくさんいます。どうせ一回しかないなら、なんとか「今と違う人生を生きたい」と願っている人もいるでしょう。

あなたが、本気で自分の理想の夢を叶えたいなら、とにかく「書く」ことです。

なぜなら、ぼんやり想像しているだけでは、不十分だからです。

私はあるとき、**「最高の人生を生きる」**と決めました。それを詳細に書き出しているとき、具体的に出てきたのが「世界的な作家、講演家になる」ということでした。

それから、自分で決めた未来を詳細に書き出したのです。それはまるで、自分への宣言だったと思います。最初は、書いたことに対して、半信半疑でしたが、だんだん

気分が盛り上がってきました。

そうしたら、現実が動き始めました。

この体験から私は、紙に書くことの大切さと、未来は自分で決めるものだということを強く信じています。

ですから、ことあるごとに、

「自分で、ありえない最高の未来を想像し、本気で決めて、紙に書く」大切さをお伝えしています。

もしあなたが、「来年、独立する」と決めて紙に書いたら、その瞬間に、あなたの運命は、普通の人生からワクワクする人生に切り替わります。

あなたが真剣に決めたことによって、思考が自動的に動き始め、行動も自然に伴ってくるからです。

独立すると本気で決めたあなたは、「毎日、会社と家を往復している場合ではない。新しいことをやらなくちゃいけない」と気づきます。

そして、直感というアンテナがピピッと立って、起業に関する本を読むようになったり、ユーチューブで起業関連の動画を観るようになったりします。

そのように日々の行動が変わっていくと、灯台もと暗し。毎日顔を合わせていた会社の同僚の友人が去年起業して、いい感じで成功していることがわかったりします。

さっそく紹介してもらって会いに行くと、また別の起業家を紹介してもらい……という連鎖が起こり、あなたはいろんな社長と知り合っていくのです。

これは、「起業」を「結婚」に置き換えても同じです。

たとえば、「2年以内に結婚する」と書いた瞬間に、女性として、または男性としてのスイッチがONになります。とても綺麗《きれい》な人だけれど、なかなかパートナーが見つからないという女性は、往々にして、女性としてのスイッチが入っていないのです。

「恋人募集中なんて言うと、何だかガツガツしているように見えて恥ずかしい」

そう思っているから、女性スイッチがONになりません。

すると、周りから見ると、この人はとても綺麗だけれど、もう旦那さんも子どももいて、毎朝お弁当を作っていそうだと感じたりします。

そう、何か落ち着いたところがあって、独身女性に特有の華やいだオーラが出ていないのです。本人は「パートナー募集中」の看板を首から下げているつもりでも、これでは周囲の人に全く伝わりません。

これは、男性も同じです。仕事に意識が向いていると、パートナーを惹《ひ》きつけるようなエネルギーにはなかなかならないのです。


そこでノートを開き、真剣に「1年以内に結婚する」と書くのです。

すると、少し自分の中で華やぎが出て、世界の見方も変わっていくでしょう。

今までは仕事関係の人としか見ていなかった人を、「パートナーとしてはどうかな？」という違った角度から見るようになります。

これが、「私はパートナーを探している」というアンテナが立った状態です。

そして、自分がどういうタイプが好きかをしっかり認識し、理想のタイプの人がいそうなパーティーに出かけていきましょう。周りの人にも「恋人探してます」と言って、「こういうタイプの人いないかな？」と、具体的に伝えて助けてもらうのです。

少し恥ずかしいかもしれませんが、そこを乗り越えて、自分の思いを世界に知らしめるのです。理想の相手が、ある日どこからか突然、家に訪ねてくることはありません。相手に見つけてもらうのを期待していれば、来世になってしまうでしょう。


「未来を決めているけれど、なかなか人生が変わらない」という人は、何度も「書く」ことをやってください。


すぐに変わらないからといって、将来ずっと変わらないわけではありません。

ここで簡単に諦めてしまったら、それこそ、本当に変われなくなるでしょう。

書くことは、人生を切り替えるスイッチです。

書けば自然と、思考と行動が変わります。最初から、ガラッと変わるわけではありません。でも、心と体が喜ぶことを選び続ければ、その道は自然と自分が理想とする未来につながっていくでしょう。

人類史上、いちばん誰もが書く時代になった

「書く」というと身構えてしまう人もいると思いますが、実は、多くの人が毎日、「書く」という作業をしています。

今や、携帯電話やパソコンをひとりで何台も持っている時代です。

メール、ライン、メッセンジャーといったSNSがいくつも台頭してきて、結果、誰かに何かを伝えるために、書くという作業を毎日のように行うようになりました。

その内容は「これから帰る」「何時に待ち合わせする？」といった短い用件かもしれませんが、ひと昔前は電話で伝えていたことを、文章で伝える時代に変わってきました。若い人は、恋の告白もラインでするわけで、文章力は大事なのです。

しかし、「紙に手書きで書く」という作業はどれだけやっているでしょうか？

文章を「書く」作業は毎日しているけれど、それはキーボードを打ったり、スマートフォンをタップすることだったりのほうが圧倒的に多いでしょう。

「自分の未来について、いろいろ書いています」と言う人に話を聞いてみると、スマートフォンやパソコンに打ち込んでいる場合がけっこうあります。

実は、「紙に書く」作業と「キーボードを打つ」作業は、文章を作るという目的においては同じですが、その意味や効用が全く違うのです。

ベストセラー作家のアラン、バーバラ・ピーズ夫妻によると、キーボードを打つときに使う指の動作は、8種類のみ。それに比べて、手書きで書くときに必要な動作は、1万種類を超えるそうです。それだけ、記憶に残りやすいというわけです。

人類が「文字を書く」という行為を始めたのは、もう数千年前に遡《さかのぼ》ります。

書く対象は、古代では石板であり、時代とともに竹や紙に変わってきました。デジタルに取って代わられたのはごく最近であり、それまでは、ずっと長い間「紙に文字を書く」ことが、続けられてきたのです。

書くことは、ゼロから有を生み出していく「創造」の作業です。

「無」を文字化するのは、デジタルも一緒じゃないか？　という人は、まだ「紙に書く魔法」を知らないのでしょう。

パソコンのキーボードで文字情報を打ち込むのと、手で紙に文字を書くのとでは、潜在意識と深くつながる度合いが全然違ってくるのです。

ややスピリチュアルに聞こえるかもしれませんが、文字を紙に書くことには、自分の中にぼんやり漂《ただよ》っている何かを現実化させる効果があります。

その漂っている何かを、手とペンで紙に降ろしていく――。

「手」と「ペン」と「紙」。

この三次元のモノ3つが揃うことによって、あなたの中で「無」だったものが固形化され、あなたを取り巻く現実が動き出していくのです。

神道の儀式で、タブレットを見ながら、祝詞《のりと》を読み上げる神主がいるでしょうか。

やはり、紙に刻まれたものだけが持つ力というのがあるのです。

理想の未来の自分と、ハートでつながる

では、紙に何を書いていくかというと、そのひとつは、自分の未来です。自分の理想とする、ありえないぐらい素敵な未来を思い描いて、なるべく具体的に書きます。

それは、**「その未来を必ず実現する」と世の中に宣言することであり、自分に約束すること**です。また、自分の中にもともとあるシナリオを引き出すスイッチでもあります。

私は、自分の未来を書くときは、気に入っている万年筆を使います。よく、書き直せるように消せるボールペンしか使わないという人がいますが、未来を書くときはぜひ、万年筆か消せないボールペンを使いましょう。

「2020年に起業する」と書いたのに、「やっぱり、2023年にしておこう」と

消して書き直したとしたら、その願いが叶う確率はかなり下がるでしょう。

なぜなら、「当然いけるだろう」という感覚が減ってしまうからです。


自分の行動を変えるのは、ある意味、大変です。

今までサラリーマンとして生活を積み重ねてきた人が、ある日から突然、起業家として生きるマインドを身につけようと思っても急には変われません。

だから、あなたには、助けが必要です。あなたのことをいちばん理解している人で応援したい人。それは、未来のあなたです。


ですから、未来の自分をイメージして、その人物と話してみましょう。もし、あなたが、そういう人になりたければ、何を変えたらいいのでしょうか？

ハートで未来の自分とつながってみましょう。今よりも、もっと素晴らしくて、勇気があって、寛大で、愛でいっぱいのあなたです。

未来の自分に導いてもらうことで、**「大丈夫。自分ならできる」という感覚を持つことができる**ようになります。

書くことで「思考」と「感情」を整理する

この本を手に取った方なら、もうすでに書くことを習慣にしているかもしれません。もし、書いているのなら、あなたは毎日、何を書いていますか？

手帳を使っている人は、「スケジュールなら毎日書いている」と言うでしょう。スケジュールは「行動」ですから、スケジュール管理とは「自分の行動の管理」です。

人に会うというアポイントや、仕事を遂行するためのＴＯ ＤＯや締め切り、プライベートの予定など、ぎっちり詰め込む人もいれば、適度にゆるくしておく人もいるでしょう。

そのスタイルは人それぞれ個性的であっていいのですが、ほとんどの人に共通しているのは、そうした「行動管理」には熱心だけれど、自分の「思考と感情の管理」には全く無関心だという点です。

「そもそも、思考と感情って、整理したり、管理したりするもの？」

そう思った方も多いでしょう。

人生は「思考」と「感情」と「行動」でつくられています。

思考と感情を把握できていないと、行動だけを管理しても、なかなかスムーズに物事が進みません。

たとえば、「ジムに行く」というＴＯ　ＤＯを書いたとしても、「気が乗らない」と思ったら、結局、サボってしまったりします。それは、嫌だなぁという感情が行動の邪魔をするからです。

そもそも、なぜジムに行こうと思ったのでしょうか？

その理由がダイエットの一環だからであり、実は、運動することが嫌いなら、行きたくないと思って当然なのです。

反対に、運動好きの人だったら「ジムに行く」と書き込む時点でワクワクしていて、「今週は2回も行けて、うれしい」とか、反対に「2回しか行けない、残念」と考えるものです。

人は基本的に好きなことしか長続きしません。いくら頭で「頑張ればできる」と考えて行動したとしても、意志の力は弱いのです。

お酒が好きな人であれば、頭では飲み過ぎは健康によくないと理解していても、飲み始めたら結局、「感情」には勝てないのです。

私たちの人生は、つまるところ、感情に支配されています。

だから、周りの風潮に乗って「起業しよう」と思い立ったとしても、あなたの感情がついてこなかったとしたら、物事は動きません。安全が大事、不安を感じたくない、という感情が強ければ、会社員として毎月お給料をもらうことを優先させるでしょう。

多くの人は自分の行動にしか意識が向いていないので、「頑張っているのに、なぜかうまくいかない、結果が出ない。なぜだろう？」と悩んでしまいます。

自分の思考や感情を見落としたままでは、人生が思い通りに動かないことを、まずは理解してください。

そして、「書く」ことによって、自分の思考と感情を意識し、整理し、把握していきます。

自分の無意識の思考や感情にアクセスするのは、難しいことですが、「書く」という作業がそれを可能にします。何が嫌なのか、苦しいのか、悲しいのか、ワクワクするのか、そういうことがはっきりしてきます。

そうやって毎日、自分の感情と思考と向き合う習慣ができれば、自分のパターンが見えてきます。たとえば、誰かに何か言われると、テンションが下がる、周りの目を気にして、行動しないようにしがち、頭で考えて、止まってしまうなどの癖を知ることができます。

すると、次回、何かに迷ったときには、ちょっと勇気を出してやってみる、誰かにネガティブなことを言われても、気にしない、などの新しいパターンをスタートすることができるのです。

ぜひ、思考や感情を書き出すことを始めてください。

書くことで、自分の現在地がはっきりしてくる

書いているうちにわかってくることは、たくさんあります。

自分が本当は何を望んでいるか・望んでいないのか。

自分が不安に思っていることは何か――。

普段は意識していない心の底にある感情やネガティブな感情まで、定期的に、洗いざらい吐き出してみることが必要です。

そうした感情が自分の中にあることを知ること、それを整理することで、自分の最高の未来を決めやすくなります。


「僕の最高の未来は、弁護士になって、困っている人を救うことだ」

と決めたとしても、弁護士というのはもしかしたら、両親が望んだことであって、あなた自身の望みではないかもしれません。

「弁護士と考えただけでワクワクする」と思っても、それは「弁護士」という言葉の響きや社会的なステータスに酔っているだけかもしれません。

もし、そうであれば、未来を決めたのに、なかなか最初の一歩を踏み出せず、「明日やろう」「明日こそやろう」と先延ばしにしがちになっていることでしょう。

もっと深く自分の心を覗いてみると、本当は、体を使うことや土いじりが大好きだと気づいたりします。

すると、あなたの天職は「庭師や植木職人」かもしれません。

ガーデンを設計したりすることが、あなたがやるべきことだとわかったら、なぜ小さい頃、ずっと庭にいて、おばあちゃんの手伝いを楽しくやっていたかを思い出したりするのです。

あなたは、「前々から、あの公園の庭づくりが気になっていた」と思い出して見に行ったり、ガーデニング関連のイベントを探し始めるかもしれません。

「やってみよう」と考える間もなく、**体が自動的に動いていることが、あなたの大好きなことであり、天職**なのです。

こういった感情の洗い出しと整理をしておくと、常にアンテナが立った状態になりますから、チャンスに出会ったときに「チャンスだ！」と気づく「直感」を磨くことにつながります。

さらに、チャンスと思えることが自分に合っているのか・合っていないのかという判断力も磨くことになります。

何かに誘われたときに、「ワクワクする」「なんか気が進まない」など、自分の感覚が発するサインを読み解けるようになるのです。

そうやって、どんなときも自分のワクワクに従っていれば、それは雪だるま式に増えていきます。最初は、1日5分ワクワクすることをやり出したとしても、それが30分になり、1時間になり、いずれは1日の大半を占めるようになるでしょう。

あなたがワクワクすることに、人生を導いてもらってください。

書くことで、直感のスイッチがONになる

人生は「感情」と「思考」と「行動」でつくられていると言いました。もうひとつ大事なのは、直感です。

現代人は「思考」のエネルギーを使って物事を考えるクセがついています。また、感情を感じないようにしています。だから通常は、直感にフタがされています。

自分の人生について考えるときにも、「私は子どものときから、こういう性格で、学校の成績はこうで……」と頭で分析しがちです。

過去から推測できる自分の未来というのは、小さい箱の中で考えるものです。箱の外には、想像もつかない可能性が広がっているかもしれないのに、見えないのです。

その小さい箱から出るためにも、直感が必要になってきます。

その直感をONにする方法が、「紙に書く」ということです。

紙に書いているうちに、ピンとくることがあります。途中から、止まらなくなるのです。

将来、「作家になる」と書いたら、もうそれだけで心がワクワクし、心臓がドキドキして心拍数が上がってしまう――。

というように、心と体が素直に反応を示すものが、自分にふさわしい未来です。

さらに、「作家になる」と書いただけなのに、もう自分の本が3冊も書店に並んでいる映像が浮かんできたり……。その本についてのセミナーをやっていて、お客さんが何十人も来ている場面が浮かんできたり……。

どんどん具体的な映像が見えてくる場合は、それがあなたの本当の未来である可能性が高いといえます。

いろいろ書いているうちに、「あ、そういえば、数年ぶりにあの人に連絡してみよう」と思ったりします。あるいは、全く関係のないことを思い出したりするのです。

そういうのは、直感がもたらしてくれる情報です。頭で考えても説明がつかないような情報は、たいてい直感です。そういう情報を受け取ったときは、理性で判断せずに、素直に従ってみましょう。

そして、ひとつ行動すると、その結果として次のドアが開きます。誰かにパーティーに誘われたり、新しい本や映画のことを聞いたりするかもしれません。

特に期待せずに行ったパーティーで、将来のパートナーや、ビジネスを一緒にする相手に出会う可能性もあります。

薦められた本を読んだり、映画を観たりすると、主人公の生き方がまさしく、自分の夢見ていたものだったりするのです。

「よくわからないけど、気になるから、やってみよう」ということが、多くの人の人生を劇的に変えています。

紙に書いて常に直感をONにする習慣をつけておくと、頭で考える前に、「これだ！」と自然に動けるようになるのです。普段から、直感でピンときたら、動いてみましょう。きっと、何かが起こります。

直感を使って、次の扉を開く

もう少し、直感についてお伝えしましょう。

私は、これまでの人生を直感ベースで生きてきました。もちろん、頭で考えて冷静に判断することもしましたが、いちばん大切なことは、直感で決めました。

最初は、その直感自体が正しいのかなぁと不安になったこともありましたが、慣れてくると、頭でいちいち考えても、仕方がないという結論に至りました。

結局、直感で選んだほうが、おもしろいドラマが起きやすく、そして、結果オーライなら、それでもいいんじゃないかと思うようになったのです。

あなたが、仕事で何かのプロジェクトに誘われたとします。個人的にパーティーに誘われたというのでもいいでしょう。

そのときに、あれこれ考えるのではないでしょうか。おもしろそうかどうか、自分にできるかな、場違いでないかななどです。そして、「せっかく誘われたんだし、行ってみよう」と思って決めることもあるでしょう。

また、「今はタイミングではない」「ちょっと気が乗らない」と思って、行かない、やらないという判断をするかもしれません。

何かの判断をするとき、たくさん情報を集めたらいいかというと、必ずしもそれは助けになりません。どちらかというと、余計に迷ってしまったりもするのです。

なので、それが、イエスかノーかで判断しなければいけないときは、直感で判断してみましょう。

私の場合は、それを考えたとき、気持ちが上向いたり、ワクワクしてきたり、楽しくなったら、それはイエス。気が重くなったり、苦しくなったり、深刻になりそうなときは、ノーだと捉えています。

人によっては、甘い味がする、嫌な味が口の中でする、という人もいるし、いい感じの音が聞こえる、雑音が聞こえるという人もいます。

うまくいくイメージが見えるという人もいれば、うまくいっている絵が見えないという人もいます。

その人その人によって、直感の受け取り方が違うので、本人の感性に従うことがいちばんです。

いずれにしろ、それをベースに決めるといいでしょう。

なぜなら、直感で何かを選択してうまくいかなければ、何か意味があったのかなと納得することができるし、そこから何ができるかを考えればいいのです。

大切なのは、時間を無駄にしないことです。何かと迷う癖のある人は、その分だけ人生が遅れていると意識しましょう。

幸せに成功している人は、チャンスのドアを自動ドアのように開け続けています。

それは、ドアの前に来たら、開けるかどうかを2秒で決めているからです。

一方、迷う人は、扉の前でずっと悩んで時間を無駄にしてしまうのです。

チャンスのドアの前で立ちつくさないようにしたいものです。

直感を高める方法

直感を使うといいというのは、わかったと思います。直感をONにするには、「紙に書く」ということもお伝えしました。

では、どうやって高めればいいのでしょうか？

直感は、誰にでも備わっていますが、多くの人がその使い方をよくわかっていません。「ヤマカン」という言葉があるように、当てずっぽうで言ってみたというのと、直感を混同している人も多いのではないでしょうか？

直感とは、あなたの深い部分で、自分に大切なことを知っている叡智《えいち》の泉のようなところから出てくる情報です。

だから、あなたにとって役に立つこと、いいことは、体の反応として、教えてくれるのです。それは、心がウキウキする、楽しくなってくる、体が軽くなるという形でやってきます。

ですが、頭で考えることに慣れている現代人は、せっかくの感覚を軽視しがちです。「儲かりそうだ」「将来、有利になりそうだ」「この人と付き合っていたら、いいことがありそうだ」といった欲得の基準で判断してしまって、後悔するのです。

せっかくあなたの直感が、心と体にメッセージを送ってくれているにもかかわらず、それを読み解く感性がなければ、人生に活かすのは難しいのです。

直感をフルに人生に応用するには、日常的な練習が必要です。それは、ランチに何を食べるといったごく簡単なことから始めてみましょう。どの店に入るのか、ピンときたところに行きましょう。また、お店に入った後も、定食にするのか、それとも、単品で頼むのか、そういうことを2秒で決めるのです。

直感の情報は、たいてい2秒でやってきます。人によっては、イメージでやってきたり、背中のゾクゾクッという感覚でやってくることもあるでしょう。

そういう感覚を受け取って、これは、イエス、これはノーと、はっきりする練習を普段からしてみましょう。ランチの定食を選ぶといったストレスのなさそうなことから練習をしておくと、転職先、留学先、新しい取引先を選ぶといった大きなことも、2秒で決められるようになります。

逆に2秒で決められないことは、たいてい頭で考えてしまっているということです。これは有利か、不利かということを考え始めると、時間がかかります。なぜなら、すべてのことには、両面あるからです。そのいいところ、悪いところを分析し始めたら、たいてい半々に出てきます。そうすると、ますます選べなくなってしまうのです。

直感を磨くコツは、すべてを2秒で決めること。それから、なぜそうなったのかを考えればいいのです。場合によっては、相手に理論的に説明する必要があるかもしれませんが、それは、決めてから考えればいいことです。この順番を間違うと、何をするにも、ただ無駄に時間がかかってしまうことになります。

このように、直感をすぐにONにするためにも、日頃から紙に書くことで、直感のスイッチを入れる習慣をつけておきましょう。

書くことで、自分の「望み」を明確にする

書くことの効果のひとつは、「自分の望みを知る」ことです。

自分の思考や感情を書き出していくと、自分が何を望んでいるかが、はっきり明確になってきます。

誰でも、将来はこうなりたいという漠然とした未来のイメージがあると思いますが、あなたはどこまで未来を具体的に書くことができるでしょうか？

よく、「将来は起業したいです」「素敵な人と結婚したいです」と言う人がいますが、それでは、漠然としすぎで実現しないでしょう。

起業といっても、どんなジャンルで、どういうサービスをするのでしょうか？

結婚とは、どんなタイプの人と、どう出会い、どこで暮らすのでしょうか？

たとえば、飲食のジャンルで起業すると決めます。

次に決めるのは、誰に向けて、どんなサービスをするかということです。

「高齢で料理ができなくなった人たちのために、お惣菜やご飯をデリバリーするお店を立ち上げる」といった具合に絞り込みます。

未来というのは、できる限り具体的にイメージすることが必要です。そうでないと、最初の一歩をどの方向に踏み出したらいいかがわかりません。

やっているうちに、変更するのでもいいのです。いったん絞り込むことが大事です。


結婚にしても、全く同様です。

「とにかく今年中に結婚したいんです」と言う女性に、「どういう人がタイプですか？」と聞くと、「かっこいい人」「おもしろい人」「一緒にいて安らげる人」という抽象的な答えが返ってきます。これでは、引き寄せる力が弱ってしまいます。

自分にとっての「かっこいい」とはどういうことか、じっくり考えてみましょう。

見た目がかっこいい人でしょうか？

それは、顔の造作が整っていることでしょうか？

実は、あなたがかっこいいと感じる男性は、ルックスがどうこうより、頭の回転が速くて論理的で、言動に筋が通っているところがあるという、生き方自体がかっこいい人のことだと気づいたりします。

そうやって、自分の望みをどんどん絞っていくのです。

すると、望みの人に出会うには、どう行動したらいいかがわかります。

「レストラン経営者のように、さっと機転の利いたサービスができて、しかも芯がすっと通っている人がいい」とひらめくかもしれません。

そうしたら、「このお店はよさそう」と思えるレストランに行ってみる、気に入ったら通ってみる、もしくは、友達関係でレストランオーナーを探してみる……というように、今までと行動範囲を一変させることになります。

すると、ぼんやり「結婚したいなぁ」「いい人に巡り会えるといいなぁ」と思っていただけの人生とは、ガラリと様相が変わると思いませんか？

これは、実際にこれをやってみた人からよく聞く話ですが、自分の夢を書き始めたら、想像していなかったことを書いてしまうことがあるというのです。

それまで、自分では思ってもみなかった、レストランをオープンする、海外に住む、引っ越しをする、実家の両親の近くに住む、といったことが、スラスラと出てきたりします。それを読んだ本人がいちばんびっくりしたりするのですが、改めて考えてみると、納得感があります。

そういう場合は、最初は想定外だったとしても、冷静に検討してみると、意外に自分の本当にやりたかったことだったりするのです。

このように自分の望みを明確にしていけば、その望みを叶えるために、どう行動すればいいかがわかります。

それが具体的であるほど、一歩を踏み出しやすくなります。

そのために、今手に持っているペン先に集中し、自分の心の中をじっと見つめてみましょう。

「自分が望まないもの」を書き出して、はっきりさせる

自分の未来を思い描くとき、望むものをはっきりさせることと同時に、**何を望まないかも明確にしておくことが大事**です。

普段は意識していない、自分の心の中にある「これは絶対嫌だ」というものを見ていきましょう。

仕事で考えると、それは、自分の嫌いなことを無理やりさせられることでしょうか。

膨大な仕事量を押し付けられたり、サービス残業をせざるを得ない日々が続けば、「まるで奴隷《どれい》のようだ」と感じるかもしれません。

または、商品やサービスに対してクレームが多かったり、ひどい値切られ方をされ

たりするのも、理不尽だという感情が出てくるでしょう。

今、自分がやっている仕事の中で、「これは絶対嫌だ」と思っているところがあるでしょうか。

あなたのハートに聞いてみましょう。

もし嫌だなと思うことがあるなら、それをしっかり認識することが必要です。

というのは、その「絶対嫌だ」があると、仕事へのやる気にブレーキがかかったり、そもそも、やる気を抑え込んでしまうからです。

朝起きて、毎日のように「会社に行くのが嫌だな」とブルーになるなら、その「嫌」の正体を追求してみてください。

そして、嫌でない環境で仕事をするには、どうしたらいいかを考えましょう。

ただ「仕事が嫌だなぁ」「会社に行きたくないなぁ」と思うのではなく、仕事のどこが嫌なのか、自分にとって、ここは絶対嫌だと思うところはどこなのか、それを明確にすればするほど、目指すべきところが見えてきます。

自分がいちばん価値を置いているのは、「一緒に働く仲間から感謝されることだ」

とわかったとします。

そうしたら、転職先の会社は、お互いに感謝できるような人間関係であるかどうかを重点的に調べることになるので、最高の未来に一歩近づけるでしょう。

反対に、どんなに高給を出す会社であっても、不当にこき使われることが目に見えているのであれば、そこは候補にすら入りませんね。

こうしてみると、自分が重要だと思うもの、絶対嫌だと思うものがわかっただけでも、次に進む道が明確に見えてくるのです。

自分の嫌なことがわかったら、その逆を考えてみればいいのです。

「屋外の仕事だけはやりたくない」と考える人は、オフィスワークやお店での仕事を考えればいいのです。セールスだけはやりたくないという人は、事務作業とか、クリエイティブな仕事を選べばいいでしょう。ひとりでパソコンの前で作業したくない人は、人がいっぱいいるような職場を探せばいいのです。

恋愛においても、同じように考えてみてください。

あなたが絶対嫌だと思うのはどんなことでしょうか？

女性から男性を見た場合、賭《か》け事が好きな人や年収が低い人は絶対ダメという人がいます。しかし、「借金しない賭け事ならOK。私も一緒に楽しむから」という人もいますし、「年収が低くてもOK。二人で力をあわせて事業をやって、成功への道を歩みたい」という人もいます。

まさに価値観は人それぞれ。

世間の風潮や人の目、親の目を気にせず、自分の中の嫌なことをはっきりさせておきましょう。

自分の苦手なこと、嫌なことを先にはっきりさせてから、好きなことを探せば、簡単に見つかることもあります。

浮気っぽいパートナーが嫌な人は、モテる人よりも、誠実な人を選べばいいのです。お金遣いが荒い人がダメだったり、時間にルーズな人が嫌なら、お金や時間にきっちりしている人を探すべきなのです。

このように、自分の「絶対嫌だ」がわかっていると、見た目がタイプだからといって付き合って、相手の浮気に苦しめられるといった苦しい恋愛に落ち込むことがなくなります。

その人と合わないことがわかったら、すぐに頭を切り替えて、新しい一歩を踏み出すことができるのです。

自分の「絶対嫌だ」を逆にすることから、大好きなことや人を探して、どんどん自分の可能性を切り開いていきましょう。

第4章

こうやって書くと、未来が実現する

――自分の感情を知り、才能を知る

「感情日記」をつける

自分の感情について書いていくと、自分のことがもっとよくわかるようになります。感情は、あなたの人生に大きな影響を及ぼすので、日常的に自分の感情の動きを知ることはとても重要です。

感情にはポジティブなものとネガティブなものがあり、自分の深いところから湧き上がってきて、このどちらもが、さまざまな形で自分の人生を突き動かしています。

思考は意識しやすいので、愚痴《ぐち》や人の悪口といったネガティブなことは考えないようにできるでしょう。物事をポジティブに捉えよう、自分の未来についてポジティブに考えようとできるでしょう。

しかし、感情にネガティブな要素のほうが多くて、「人生を変えるのは怖い」という恐れを持っていたり、「自分はそれをするのにふさわしくない」という無価値感があったりすると、いくら思考をポジティブにしても、人生はそのようになっていきません。

感情の力は強いので、ネガティブなものが多ければ、あなたの行動や人生はネガティブなほうに流されてしまうのです。

人生を思い通りに動かすためには、まず、自分の感情としっかり向き合う時間をつくることです。

「このままではいけない」と思いつつ、結局、何年たっても人生を変えられないという人がたくさんいますが、それは、自分の中にある感情の整理がついていないからです。

忙しいという理由で自分と深く向き合わないまま、同じような毎日を繰り返していくことは、できれば今日でやめましょう。

そこで、「感情日記」をつけることをお勧めします。

ひとりの時間にノートを開き、朝起きたときからの感情を書き出していきます。

・朝目覚めたとき、どう感じたか？
・通勤途中で、どう感じたか？
・仕事中、もしくは家事や育児の途中で、どう感じたか？
・プライベートな時間に、どう感じたか？

など、そのときどきの感情をなるべく細かく書き出します。

たとえば、朝目覚めたとたんに「憂うつだ」と感じる人もいるでしょうし、「いい一日になりそう」と楽しい気分になる人もいるでしょう。

通勤途中に、「満員電車は死ぬほど嫌だ」と感じる人もいれば、「英語のリスニングができてよかった」とポジティブな感情を持つ人もいます。

こうやって、感情という面から一日を振り返ってみると、自分がどういう感情を持つ傾向があるのかが見えてきます。

ポジティブな感情を感じることが多い人もいれば、ネガティブな感情を感じることが多い人もいます。どちらでもいいのですが、あなたのパターンを調べてみましょう。

まずは、自分の感情に気づくことが大切です。

感情は行動を起こすガソリンである

あなたが、自然と行動を起こせるときは、どんな場面でしょうか?

素晴らしい映画を観て感動し、「自分も頑張ろう!」とやる気が湧き上がり、いつか取ろうと思っていた資格の勉強を猛烈に始めたなんてことがないでしょうか? あるいは、ダイエットをやろう、英語を勉強しよう、マラソンをしようと一念発起したことは、誰にでもあるでしょう。

また、上司からひどい評価をされて、激しい怒りを感じ、「絶対に見返してやる!」と心に決めて、数カ月後に素晴らしい成果を上げたことはないでしょうか?

感情は、それがポジティブなものであれ、ネガティブなものであれ、自分を突き動かすガソリンになります。

ポジティブな感情は純正の「ホワイトガソリン」、ネガティブな感情は不純物が混ざった「ブラックガソリン」です。

ホワイトガソリンは、あなたをワクワクさせ、周りを楽しくさせたり、癒《いや》したりする力があります。

ブラックガソリンには、怒り、悲しみ、苦しみ、絶望感、劣等感、無価値感、欲求不満、闘争心《とうそう》、競争心などが詰まっています。しかし、このガソリンには、ものすごい爆発力があります。

誰でも自分の中にあるダークサイドは見たくないものですが、そうした感情にフタをして溜めたままにしておくと危険です。その強いエネルギーに押しつぶされてしまうことがあります。

ブラックガソリンは、発奮《はっぷん》するためのガソリンとして使う方法があります。

怒りのほかにも、「あいつには絶対負けない」という競争心、劣等感から来る権力志向、手段を選ばずお金を稼ぐという欲などがあり、ブラックガソリンは驚くほど強力な動力になります。私は、「こんちきしょうエネルギー」と呼んでいます。

しかし、ブラックガソリンには不純物が混じっているので、これを燃やし続けると、真っ黒な煙を吐き出しながら走ることになります。最終的にはエンジンを壊します。つまり、自分自身を蝕《むしば》んでしまうのです。

なかなか行動を起こせないという〝泥沼〟から出るときの機動力として使うのはいいですが、永続的には使えません。

それをすると、その反動で精神的に落ち込んだり、自分の体を傷つけて病気になるといった被害が出ます。あるいは、家族やスタッフに当たり散らすなどの行為に出て、周りを不幸にするかもしれません。

ブラックガソリンをベースにして生きることは、最終的にはいろいろな人たちに迷惑をかけることになるのです。

それに比べ、ポジティブな感情を転化したホワイトガソリンは純粋なもので、誰かに何かをしてあげたい、自分のできることで困っている人の役に立ちたいという「愛」「友情」「感謝」がベースになっています。

人を蹴落《けお》とそうという闘争心や競争心とは無縁です。自分のコンプレックスの裏返しでもなく、怒りや悲しみの爆発でもありません。

こうしたホワイトガソリンは、自分の深い部分から出てくる、純粋な思い、願いがベースになっています。

なので、自然に湧いてくる泉のようなものです。

そのエネルギーを使うこと自体が喜びで、自分自身の心や体を傷つけることがありません。周りの人も癒されたり、励まされたりして、関わる人全員が幸せに生きることができます。

この純粋なホワイトガソリンを、あなたの中にある、いちばん深いところから汲み上げることができるようになったら、一生モチベーションは必要なくなります。

なぜなら、それをやること自体がご褒美《ほうび》なので、モチベーションなどなくても、いつまでも楽しく続けることができるようになるからです。

これが、ブラックガソリンとホワイトガソリンの大きな違いです。

「あなたの人生に流れる感情」が、人生のクオリティを決める

人生は、自分の感情通りに動いていきます。

ですから、自分は普段、どんな感情を感じているかを知ることが大事なのです。

あなたがネガティブな感情を感じがちなら、幸せをなかなか感じられないかもしれません。ネガティブな感情をガソリンにすれば、がむしゃらに働いて成功するかもしれませんが、今度はお金に支配されてしまったり、家族やスタッフと心の交流がない寂しい人生になってしまうでしょう。

あるいは、ネガティブな感情が邪魔して、「いつかやろう……」と思い続けて一生を終えてしまうかもしれません。

ネガティブな感情が流れる人生には、悲しみ、落ち込み、絶望が流れます。

幸せで豊かな人生を送りたいと思うのであれば、原動力にはホワイトガソリンを使うこと。そのためには、自分の中にあるネガティブな感情に気づいて、それを癒さなくてはなりません。

そのひとつの方法が、122ページでも紹介した「感情日記」をつけることです。溜まっている感情を書くという行為によって吐き出し、気づくだけでも、その感情はかなり癒されます。

今まできっちり閉めていたフタを開けましょう。それをしなければ、いつまでたっても苦しいままの人生なのです。

もうひとつ、ネガティブな感情を癒す方法は、自分の過去を振り返ることです。小さい頃からの自分の記憶を掘り起こし、このときに、こんな経験をし、こんな感情が生まれた、と書き出していきます。

たとえば、小さい頃、両親が非常に厳しかったために温かい愛情を感じられず、いつも心に悲しみがあったとか、「お前はダメだ」「何もできない」と否定されて育ったため、自分に対して深い絶望感や無価値感を抱いていたとか、いろいろな経験があるでしょう。

自分の痛みを掘り起こしていくのは辛いものですが、辛いからこそ今まで無視してきたのです。

そうした**ネガティブな感情が心の底にあることを認め、「その感情に支配されるのは今日からやめよう」と、自分で決めてください。**

できれば、そういう態度をとった親にも大変な問題があったんだと理解して親を許したり、そういう経験があったからこそ、自分はすごい機動力を発揮してここまでこられたんだとポジティブに捉え直せるといいでしょう。

実際に、痛みや苦しみを経験し、それを乗り越えてきた人ほど人間的な深みが出て、それが魅力になったり、信頼につながったりします。

また、自分の経験を仕事に活かすことによって、ネガティブになっている人やモヤモヤを抱えている人など、幅広い層にアプローチしていくことも可能になります。

「ＴＯ ＤＯリスト」を見直そう

ここで「ＴＯ ＤＯリスト」の弊害《へいがい》について説明しておきましょう。

私もＴＯ ＤＯ専用の手帳を持っていますが、手帳やネット上のカレンダーなどを使って、スケジュール管理をしている人は多いと思います。

現代人は「常に忙しい」のが基本ですから、あらかじめ、やるべきことを書き出して、整理をし、時間配分を考えておくのは大事な作業です。

しかし、その手帳に書き込まれたＴＯ ＤＯが、あなたの人生をつくっています。

仕事もプライベートもＴＯ ＤＯがびっしりな人ほど、「なんて自分の人生は充実しているんだろう」と思いがちですが、果たしてそうでしょうか？

一度、そのＴＯ ＤＯをひとつひとつ見直してみてください。

それは、自分がやりたいことか・やりたくないことなのか、つまり、本当に心から望んでいることか、それとも、やりたいと勘違いしているだけなのか、本当は嫌なのかといった感情面から検証するのです。

今まで自分の感情と向き合ってこなかった人ほど、愕然《がくぜん》とするでしょう。

あまりやりたくない仕事に一日の大半を費やしていたり……。

息抜きのはずの飲み会も仕事の延長だったり……。

ジム通いも健康のためではあるけれど、実は運動が好きではなかったり……。

自分が心から楽しんでやっていることとは？

そのために確保してある時間とは？

どれくらいあるでしょう。

このリストをこなすことは、10年後、20年後のあなたに、どんな大きな影響を与えるでしょうか？

学生時代に優秀だった人ほど、猛烈に勉強していい大学に進学し、就職活動を頑張っていい会社に入り、常に忙しくしていることがイコール「充実」だと勘違いしている節があります。

自分が何を感じ、本当は何を望んでいるのかわからないまま人生を送るのは、まるで他人の人生を生きているようなものです。

自分らしい人生を生きるための第一歩が、手持ちのＴＯ ＤＯリストの見直しです。

ＴＯ ＤＯを書くのは日々のルーティン作業になっていると思いますが、それを機械的に終わらせず、ひとつひとつの内容について、自分がどう感じるかを検証してください。

そして、嫌々やっているＴＯ ＤＯを減らしていくことが、人生を本当の意味で充実させることにつながります。

さらに、できたら、義務と役割のＴＯ ＤＯとは別に、楽しいＴＯ ＤＯリストも作ってみましょう。朝起きたら、今日できる楽しいこと、ワクワクすることのリストを書くのです。

一日が終わる頃までに、楽しいＴＯ ＤＯが３つでもできたら、その日はきっと幸せな一日になるはずです。

紙に書くことで、あなたの才能は見つかる

私は、誰にでもその人にとっての「すごい未来」が用意されており、そこに到達できるものだと考えています。

もし、あなたが今の生活に満足していて、「このまま歳をとっていけたら幸せ」と考えているのであれば、すでに「理想の人生」を手に入れたということです。その先には、あなたにとっての「理想の未来」が待っているでしょう。

しかし、いつもと変わらぬ毎日の中で、ふと「このままでいいのか……」という思いがよぎるなら、人生を変えるタイミングがきたのです。

あなたにとっての理想の未来とはどんなものでしょうか？

私は、最高に幸せな状態というのは、自分が好きなことを、好きなようにできてい

ることだと思っています。

それが仕事になり、豊かな収入にも恵まれ、いつも新しい発見があってワクワクできていたら、最高ではないでしょうか？

もちろん、幸せでいるには人間関係も良好であることが大事です。素晴らしいパートナーや家族に恵まれ、信頼できる友人やスタッフに囲まれた暮らしは、心の底から満ち足りたものになるでしょう。

人生は数十年しかないのですから、「つまらない……」「仕方ない……」という暗い気持ちで生きるのはもったいないものです。

そのためには、いろんな行動が必要です。人間関係が苦手な人は、人と付き合うことを練習しなければいけないでしょう。人と心と心でつながることなしに、深い人間関係を築くことはできません。

毎日を楽しく生きるためには、自分が好きなことを見つけてください。

いきなり、仕事にしなくてもいいのです。自分が心から楽しいな、好きだなと思う活動を見つけるのです。これは、自分の「才能」を発見することにつながります。

才能と聞くと、「自分には才能なんかない気がする」と即座に否定する人が多いのですが、才能は特別な人にだけ与えられたものではありません。

どんな人にも、その人にしかない固有の才能が与えられています。

その才能は、好きなこと、気になること、やってみたいと思っていること、もしくは、子どもの頃ワクワクしていたことの中にあります。

反対に、苦手と思っていることの中に才能が隠れている場合もあります。始める前から「失敗したらどうしよう」という苦手意識を持っているのは、そのことに関心があるからです。

才能はいろいろな感情の裏に隠れていますから、まずは、ノートを取り出し、心が揺れることを書き出してみましょう。

最初は「好きなこと」といっても、うーん、と唸るだけかもしれませんが、身近な小さなことから思い出してみます。

猫と遊ぶ、挽きたてのコーヒーを飲む、木を削ったり組み立てたりする、カラオケで歌う、料理をするなど……。自分の感情に注意して、そのことを書いたときにワクワクするかどうかをチェックします。

そのうちに、「そういえば、子どもの頃は消防士になりたかったな」「学生時代は政治家を目指したこともあったな」など、具体的なことが出てきます。

この作業は、できる・できないに関係なく書き出していくことが大事です。「今から消防士は無理だ」「政治家になれない」とすぐに結論づけないで、ただ書き続けましょう。

ただし、それを書いたときに、心がワクワクしなかったら要注意です。「政治家になりたい」という夢は、今の政治を変えたいという気持ちより、社会的ステータスが高いというのが理由だったかもしれません。もしくは、親の意向を暗に汲み取っただけかもしれません。

「書く」という作業をしながら、自分の心に注意を向け、ドキドキ、ワクワク、イライラ、ハラハラなど何でもいいので、感情が動いたかどうかを見極めていきましょう。

次に、「あなたの才能を見つける10の質問」を載せますので、自分の心の内側を見る参考にしてください。

1 子ども時代、楽しかったことは何ですか？
2 親にほめられたことは何でしょう？
3 親に怒られたことは何でしょう？
4 小さい頃、得意だったことはありますか？
5 周りの人によくほめられることは？
6 時間があればついやってしまうことは何ですか？
7 意識しなくても自然とできることは何でしょう？
8 やりたいけれど、やるのが怖いことはありますか？
9 どんなときにイライラしますか？
10 嫉妬心を感じるのはどんなときですか？

才能をかけ算した先に、「あなたらしい生き方」がある

さあ、あなたはどれくらい自分の才能を書き出せたでしょうか？

才能というと、スポーツ選手になる、歌手になる、会社を経営する、人前で話す、料理をする、服を作るといった、わかりやすくて、仕事にすぐに直結するものを想像してしまいがちです。

それが書けなかった人は、自分には才能がないと落ち込んでしまったでしょうか？

しかし、才能はそうしたものばかりではありません。どんな人にも才能はあります。たとえば、「人の長所を見つける」「人の名前を覚える」というのも、立派な才能です。人を元気づける、安心させる、癒す、リラックスさせる、洞察力がある、売る、といったこともそうです。それ自体では、すぐに仕事にならないなぁと感じるか

もしれませんが、それでいいのです。

スポーツ選手やピアニストなど、一部の天才と呼ばれる人たちには、若いときから、誰の目にも明らかな才能が際立っています。けれども、普通の人に備わっているのは、残念ながら、わかりやすい才能ばかりではありません。

さらに、一見ネガティブに見える才能もあります。人をイライラさせる、怒らせる、無駄遣いするなどがそうです。でも、人をイライラさせたり怒らせたりする人には、カウンセラーの才能があります。優柔不断な人には、バランスをとる才能が、無駄遣いをする人には、アートの才能の可能性があります。

どんな人の中にも、こうした才能がいくつも隠れていますから、それを発見して、才能同士をかけ合わせることで、あなただけが持つ固有の才能になります。

自分がもともと持っている才能をかけ算して活かすだけでいいのです。

「人を元気づける」才能と「売る」才能を持っている人は、優秀なセールスマンになれるでしょう。しかも、買った人がとても喜んでくれて、感謝までされるでしょう。

また、「人を怒らせる」才能を持った人が「問題を解決する」才能とかけ合わせてもＯＫです。相手の痛いところを突いてしまって怒らせるかもしれませんが、相手が器の大きい経営者であれば、「よくぞ本当のことを言ってくれた。まさに、あなたみたいなコンサルタントが必要だったんだ」と納得して契約してくれるでしょう。

「優柔不断」と「癒す」才能を持っている人は、迷って決められない人の気持ちがよくわかるので、相手に寄り添えるカウンセラーとして人気者になるかもしれません。

このように、一見ネガティブなことも、角度を変えてみると人の役に立つ才能になることがよくあるのです。

まずは、紙に才能をざっと書き出し、それらを順列組み合わせの要領で、いろいろかけ合わせてみます。才能は2つ合わせるだけでなく、3つ、4つでもいいのです。たとえば、「発明する」×「ものを作る」×「起業する」とかけ合わせれば、もう第二のスティーブ・ジョブズです。

才能は、かけ合わせていくほど、あなた固有のものとして輝きます。

才能の発見のタイミング

才能は、どんな人にもありますが、それを発見するタイミングには個人差がありま す。たとえば、オリンピック選手やバイオリン奏者などは、10歳になるまでに、両親、親戚、近所の人が才能を発見し、早期教育をスタートさせています。

普通は、20代から30代あたりに、たまたま出会ったことをきっかけに、才能が開花するようです。会社で部署が変わってセールス、研究、プレゼンなどをやるようになって、偶然その才能を発見するのです。

上司や同僚が、あなたが何の努力もなしに、簡単にその仕事をやり遂げるのを見て、「君、すごいね、才能あるよ!」と、ほめたりします。本人は、あまりにも自然にできるので、それが才能なのか、ピンとこないでしょう。でも、しばらくそれをやっているうちに、「これって、好きかも」と思うようになり、ハマってしまったりするのです。

それは、料理や人の相談に乗ること、物を作ることかもしれませんが、偶然やったことがきっかけで、自分の才能を発見するのです。

人によっては、やむなくやり始めたことがきっかけの場合もあります。旦那さんがリストラされて、保険のセールスを始めた専業主婦が、いきなり全国でトップ10の業績を上げたりします。そういうことでもなければ、彼女は、一生、自分に物を売る才能があるなんて、気づきもしなかったでしょう。私も、34歳で作家になるなんて、自分がいちばん驚きました。

そうした才能が出るタイミングは、40代、50代、60代の人もいます。いわゆる大器晩成ということですが、人生の後半でいろいろ試したことで、自分の才能を発見するのです。

いずれにしろ、才能が発見された時点で、そこからのあなたの人生は大きく変わることになるでしょう。

ありえない「すごい未来」を決めて、紙に書いてしまう

自分の才能を発見すると、「すごい未来」の輪郭がだんだんはっきりしてきます。

今まで、「何か違う仕事をしてみたい」「海外に住んでみたい」などとぼんやり考えていたことが、具体的になってきます。

何か違う仕事といっても、それは物を作ること、売ること、文章を書くこと、料理をすること、それとも何らかのサービスを提供することなのか――、自分の才能と関連づけて考えられるようになります。

海外に住むといっても、本格的に移住するのか、海外にセカンドハウスを持って、往復するのがいいのか――。そこで自分はどう過ごすのか、もしくは仕事をするのか――、だんだん絞られてきます。

「すごい未来」というのは、旅の目的地を決めることと同じですから、「海外」という漠然としたものでは不十分です。「ハワイのカウアイ島」「ブラジルのリオデジャネイロ」というように、明確に決めてみましょう。

すると、急に怖くなってくると思います。「自分にできるのかな」「お金がかかりそうだな」「どうやって行けばいいかわからない」「不安だな」

そういう気持ちが出てくること、それはいいサインです。なぜなら、本気で行くと決めているからこそ、感じる不安だからです。そして、そのプレッシャーが、あなたを旅立たせるのです。

怖いついでに、やってもらいたいことがあります。それを実現する日程まで決めてもらいたいのです。なぜなら、目的地と日付まで決めてしまわないと、ナビゲーションシステムが作動しないからです。

たとえば、「２０２２年４月１日までに、10万部突破のベストセラー作家になる」などと、具体的な日にちも決めてしまいましょう。

そうすると、叶うかどうかわからない「白昼夢」でも「蜃気楼」でもなくなります。

頑張れば到達できるという「遠景」になり、何とも言えない感情が湧いてくるでしょう。私は**ワクワクと怖さが混じったような感情を「こわワクワク」と呼んでいます**が、うれしいと同時に不安が混じったような気分です。これを感じるようになって、初めてあなたの中で何かが動き出したことがわかります。

その状態から、たぶん、何十かの体系だった行動が必要でしょう。そのひとつひとつをクリアーしていって、あなたの夢は実現するのが当然という「近景」になるのです。

2020年7月24日に東京オリンピックが開催されることが覆《くつがえ》らないように、あなたの未来も叶って当たり前になるのです。

自分のやりたいことが具体的になったら、あなたの未来をノートに書きましょう。

ゴールが決まったら、あとは歩き出すだけでいいのです。

さあ、あなたの「すごい未来」が実現する準備が整いました。

次の章では、実際にどうやって歩いてゴールに到達するか、詳細を説明しましょう。

才能のいろいろな形

ポジティブな才能

笑わせる、和ませる、元気づける、感動を与える、癒す、人の長所を見つける、人の名前や顔を覚える、人を上手に紹介する、間違い探しが得意、問題解決能力がある、新しいことに挑む、行動力がある、など

ネガティブな才能

人を怒らせる、ズケズケとものを言う、自分・他人に厳しい、完璧主義、優柔不断、手先が不器用、無駄遣いする、ひきこもる、声が小さい、否定的になる、怖がり、など

自分や他人に厳しい	なあなあになりそうなチームや組織の雰囲気を引き締める。チームの中のご意見番など。
完璧主義	建築、設計、IT関係の研究開発など、細かいミスも許されない職業。
優柔不断	即決・即行動で先走りしそうな人を「ちょっと待って」と引き留められる。リスク管理の得意なリーダーなど。
手先が不器用	手先が不器用な人のための商品開発。事務職、サービス職、営業職など。
無駄遣いする	アーティスト。
ひきこもる	ひとりで黙々と作業をする研究職、技術開発、クリエイター。
声が小さい	カウンセラーなど1対1の職業。セールスマン(物静かなセールス法が功を奏することも多々ある)。

第5章

ありえない、すごい未来は、こうして実現する

――自分の中にあるシナリオの発見

夢の実現には、順番と道筋がある

あなたが「これから、やってみたい」と思っていることは、どんなことでしょう？

ぼんやりしていて、はっきりしないという人もいるでしょう。

逆に、夢を語り出したら止まらないという人もいるかもしれません。

「夢はカウンセラーになることだけど、本も出したいし、講演もしたいし、自分の研修センターを持って、講師育成もやりたい」

「自分のレストランを持ちたい。できれば複数。都心とリゾート地にも。レシピ本を出版したり、テレビに出たい」

「起業して、海外に進出したい。家も建てたいし、海外に別荘を持ちたいし、海外の著名人とコラボもしたいなぁ」

「結婚して、幸せな家庭を築きたい。子どもが小さいうちは家庭にいて、大きくなったら、自分の才能を活かして小さなお店をやってみたい」

など、その人によって、いろんな夢があると思います。

私が育児のためのセミリタイヤに入ったときも、これからの未来について夢を膨《ふく》らませました。あのとき、毎日のように書いていた夢は20年たって、ほとんどが実現しました。

でも、夢を書いてもなかなか思うように、うまくいかない人もいるでしょう。

「いろいろやっているのに、夢が、ひとつも実現できないんです」という相談をときどき受けることがあります。話を聞いてみると、そういう人は、思い立ったが吉日とばかりに、いろいろなプロジェクトを立ち上げるまではいいのですが、どれも中途半端になってしまっています。

夢を広げるのはいいことですが、ひとつを軌道に乗せるだけでも、それなりの時間と労力とエネルギーを要します。継続させていくためのシステム作りも必要です。

ですから、「何でもやりたい！」と思った人は、落ち着いて、自分の夢に優先順位をつけ、どうしても叶えたいことを5個ぐらいに絞ります。そして、夢を実現していくために、どの「順番」でいけばベストかを考えるのです。

私の場合、自分が学んだことや経験したことをシェアしたかったので、作家になりたい、講演をしたい、研修センターを持ちたいという複数の夢は、当初からありました。しかし、いきなり建物を購入しても、私の話を聞いてくれる人が集まらなければうまくいきません。当時、私のことは誰も知らないような状態でしたから、講演会にしてもセミナーにしても、どうやって人を集めるかが、課題でした。

そこで、まず自分が考えていることをまとめ、小冊子を作って配ることから始めました。

それがある編集者の目に留まって出版することができ、結果、作家デビューが決まりました。いろいろな夢の中で、まず「作家になること」を優先させたのです。ありがたいことに出版した本がベストセラーになったおかげで、講演会やセミナーを開くとたくさんの人が集まってくれるようになったのです。

その後、数々の不思議なシンクロニシティによって、八ヶ岳にある大きな研修センターを購入することになり、そこにも大勢の人がやってきてくれています。

20年たって改めてリストを見直すと、やりたかったことがすべてできるようになったのです。夢を叶える順番と道筋に気づかなかったら、どれも実現しなかったかもしれません。

ですから、**あなたが自分の夢を絞り込んだら、それに優先順位をつけて、どの順番でやると全部実現するかという道筋を考えます。**

「やりたいこと」は「点」です。その点と点が結びつくことで面になります。うまく面になったら、その分だけ成功しやすくなります。だから、最初の点が大事だし、次の点も大事なのです。いくつかがうまくいくようになると、あとはかけ算なので、どんどん夢が実現する加速度が増していきます。何をやるにしても、労力が何分の一かに減るのです。

大きな紙にやりたいことを書き出して、その点と点の間に線を引いていきましょう。

そのときに直感をフルに働かせます。線を引きながら「ワクワクするなぁ」と、いい気分になってきたらＯＫ。もし、違和感を覚えたら、手を止めてください。

これは順番が違うということか？

そもそも、これはやらなくていいことなのか？

じっくり考えます。


しかし、一見、不必要そうに思えても、実は必要というステップもあります。

たとえば、事業を始めようとしても、いきなり起業するのが難しそうな場合、ＮＰＯ法人やボランティアサークルから始めるという手があります。

ある青年はそんな場面で、迷っていた海外視察旅行に思いきって参加することにしました。そのツアーは、ちょっと高額だったので、事業資金が必要なこのときにお金を使ってしまっていいのかという気持ちがあったのです。

しかし、すでに経営者として成功している人と同室になり、旅をしながら、起業や経営についていろいろ教わることができました。さらに、その人がお金を出すことを申し出てくれて、新しい事業を立ち上げることにもなりました。

彼は、ツアーに行くという一見、どうでもよさそうなことをこのタイミングで決行することにより、事業の立ち上げを決心でき、実現しました。もし、彼一人の力でやろうとしていたら、何年もかかったことでしょう。

このように、最短コースが必ずしも最良の道筋とは限りません。

頭だけで考えているとどうしても効率優先になるので、シンクロニシティを見逃してしまうでしょう。

「急がば回れ」ということわざがあるように、そのとき、どうしても気になっていることがあるなら、この青年のように、ちょっと横道にそれるのもありなのです。

ここが「直感」の使いどころです。

人生の道筋を考えるときは、頭と直感を使って、緻密《ちみつ》に、柔軟に考えましょう。

ほとんどの人は人生のロードマップすら持たずに生きています。

ですから、緻密な道筋を思い描けたほんの数パーセントの人が成功できるのは、当たり前のことなのです。

夢への道のりの「通過点」が見えているか

多くの人は自分の理想の未来を思い浮かべるとき、いきなり映画やドラマに出てきそうなすごいことを想像します。

ベストセラー作家になると決めた人であれば、書店のいちばん目立つところに自分の本がずらーっと平積みされていて、作家仲間と華やかな出版パーティーを開き、日本を飛び回って大規模な講演会を開き、ファンとの旅行ツアーに行くなど――。

もちろん、そうした素敵な夢を描くのはいいことですが、ベストセラー作家に、一瞬でなれるわけではありません。

そこに到達する前には、最初の一冊をヒットさせたり、新聞の書評で取り上げられたり、何冊も本を出して売れ続けるという過程があるのです。

お店を出して成功する場合にも、その前には雑誌やテレビで何回か取り上げられるという段階があり、その前には、お客さんが普通に来ている段階も必要です。

このように、夢への道のりには、必ずいろいろな通過点があります。

マラソンでいえば、42・195キロの前には必ず30キロ地点があり、その前には20キロ、10キロ地点があり、それを通過せずにゴールすることは不可能です。10キロ地点の前には5キロがあり、そのもっと前には、最初の一歩があるのです。

しかし不思議なことに、ほとんどの人は、いきなりゴールに到達している自分のことに意識がいっていて、最初の通過点である5キロ地点や10キロ地点のことを見ていません。

夢を実現させるためには、その道のりにいくつもの通過するべき小さい地点があることをしっかりと認識しつつ、最初の一歩を踏み出すことです。そして、100メートル、200メートル、5キロ、10キロ、20キロとクリアーしていきます。

それによってはじめて、42・195キロ地点が単なる夢や陽炎《かげろう》ではなく、現実のゴールとして見えてくるのです。

ゴールまでのステップをすべて書き出す

どんな夢を実現させるにしても、その道のりには、最低でも30個ぐらいの通過地点（ステップ）があることは、第1章でもお伝えしました。そのステップがどんなものか、早い段階で気づくことが大事です。

適当に走っていては、どこにも行けないのです。

「毎日コツコツとブログを書いていたら、いつか世界デビューできる」とか「毎日カラオケで歌っていたら、いつか『紅白歌合戦』に出られる」といった勘違いが生まれます。

繰り返しますが、毎日、ブログに文章を書いているだけで、ベストセラー作家になることはありません。その途中には少なくとも、ブログの読者が何万人にもなる、編集者と出会う、出版契約をするといった通過地点があります。

ここでは、先にも例をあげた「ベストセラー作家になる」というゴールを設定して、その道のりにどんなステップがあるかを細かく見てみましょう。

1 ブログを書き始める。
2 ブログの読者が1万人を超える。
3 本の原稿を書き始める。
4 その原稿がおもしろいかどうか、客観的に検討する。
5 1冊分のまとまった原稿を仕上げる。
6 編集者を紹介してくれる人と出会う。
7 編集者と出会って、原稿を気に入ってもらう。
8 編集会議を通過する。
9 営業会議を通過する。
10 出版が決まり、出版契約をする。

11　本が出版される。
12　ブログやフェイスブックといったＳＮＳを駆使してアピールする。
13　新聞や電車内などに広告が出る。
14　新聞や雑誌の書評で取り上げられる。
15　ラジオ、テレビで取り上げられる、もしくは、ラジオ、テレビに出演する。
16　世間で話題になる。
17　次々と重版がかかって、ヒット作品になる。
18　2作目のオファーが来て、執筆にとりかかる。
19　作家仲間との交流を深める。
20　続けて本を出していく。
21　どの本もヒットになって、ベストセラー作家になる。
22　自宅以外に書斎を構えて、環境を整える。
23　自分の経験をもとに、セミナーや講演会を開く。
24　参加者にメルマガ、動画などの配信を始める。

25　HP《ホームページ》などを充実させて、固定ファンを増やしていく。
26　大勢の人が集まるようになったので、会場の規模を大きくしていく。
27　泊まりがけの研修を始める。
28　海外の著名人を招待して、大規模な講演会を開く。
29　海外での交流を広げて、アメリカのエージェントと知り合う。
30　英語の本を書き、世界中の出版社と契約を始める。

いかがでしょう?

少し省略したところもありますし、順番が入れ替わったり、並行して進めていくことも多々ありますが、だいたいこんなところでしょう。

ベストセラー作家になるためには、まず、あなたが書いた原稿が出版されなければ、話は始まりません。そのためには編集者に出会って、あなたが書いたものをおもしろいと気に入ってもらえなければなりません。

ですから、作家になるという夢があるなら、最初の一行を書き出すことと同時に、編集者に見込まれるぐらいにおもしろい原稿を書くには、いったい何が必要かを研究することです。

よくブログに日常的なことを書いている人がいますが、普通のことがだらだら描写してあることが多いようです。そんなブログの読者のリアクションがよくても、それは友人や身内の世間話であって、それをまとめても、本の原稿にはなりません。

本は、その人のことを知らない人が買うものです。ですから、ある人の私生活であっても、万人受けする意外なエピソードがあるとか、ハッとするような視点や主義主張があるとか、もしくは、読者の役に立つ解決策がなければいけません。

だから、プロを目指すのであれば、自分が書いたものを客観的に見て、試行錯誤を重ねなければなりません。そうしたプロセスを経て、ようやくおもしろい企画を出せたり、原稿が書けるようになるのです。

自分の夢実現に必要なステップの総数をまず把握しましょう。

ステップを外さずに上っていけば、いずれあなたの夢は叶うでしょう。

夢への通過地点の様子をアリアリと書き出す

ゴールまでの全ステップを書き出したら、次に、通過すべきステップの様子をひとつひとつはっきりと、頭の中で思い浮かべます。

その映像はぼんやりしたものではなく、その地点の様子が手に取るようにわかるものでなければなりません。

もし、あなたがフルマラソンで優勝する気なら、事前にそのコースを下見するでしょう。「この通過地点で給水ボトルをつかもう。湖が見渡せて景色がよさそうだな」とか、「ここは広場があるから、たくさんの声援がもらえそうだ」といったように、事前に詳しく調べて、自分が走る姿を想像するでしょう。

夢への道のりもそれと同じです。

作家になるのであれば、カフェで編集者に原稿を読んでもらい、打ち合わせをしているとか、出版社の会議室で編集長と本のプロモーションについてアイデアを出し合っている、といったところまで、具体的に思い描きます。

自分のお店を出店するのであれば、資金繰りのために銀行に提出する書類を書いているところ、銀行の融資担当者と打ち合わせをしているところなど、華やかではない部分もありありと思い描きます。

実際に、やり出したら、そういう景色を見て、前に進んでいくのです。

そうした詳細をイメージしていくには、「紙に書く」という作業が必要です。

それぞれの通過地点の様子を、あたかも現実に起こっていることのように書いていくのです。

そのためには、単なる想像だけではなく、膨大なリサーチも必要です。

アロマテラピーのお店を出すのであれば、こんなお店を持ちたいというイメージを描くのはもちろん、そのお店をどこに出したらいいか立地条件を考えて、実際に探してみるといいでしょう。

物件や家賃の相場といったものがわかるので、お店ではどんなサービスを提供し、どう料金設定をするか、月にどれくらいの収入になるか、だったら家賃はいくらぐらいまでならいいかといった具体的なステップがどんどん浮かんできます。これから、何をすればいいのかに関しても明確になっていきます。

さらに、内装はどうするか、どんなお客さんたちに集まってほしいか、スタッフはどういう人たちが何人必要か、経理システムはどうするか、お店を出して1年後、2年後、3年後にはどうなっているかといったことも考えます。

また、出店する資金をどうするか、銀行から借りるのか、借りるとしたら、どんな審査があるのかも調べます。

こうしてステップの全体像が見えてくると、そもそも、お店をやっていくための知識が足りなすぎると気づくかもしれません。独立する前に、どこかのお店で修業するという選択肢が浮上してくるかもしれません。ならば、どんなお店がいいか、修業するには何か資格が必要かといった新しいステップも見えてきます。

あるいは、そういうステップをすっ飛ばして、自分では料理をせずに、シェフを雇うという選択肢もあるでしょう。

こうやって書き出してくださいと言うと、「何をするのも大変なんだなぁ」と諦《あきら》めムードになってしまう人がいます。夢が実現しない人のほとんどは、未来へのディテールが見えず、リアリティを持って夢が叶うところがイメージできないのです。

もし、この時点でワクワクしないのなら、それは、あなたが本当にやりたいことではないのかもしれません。

インターネットや本で調べたり、その道のプロに話を聞きに行ったりというリサーチを重ね、自分の中で通過地点の映像がありありと浮かぶようになると、あなたの前に延びている道が「仮」ではなく、「現実」になっていきます。

あなたの中に見えている通過地点の様子をひとつずつ、書き出してみてください。

それをワクワクして書いているうちに、あなたの中で、夢が現実になってきます。

運命であれば、必ずその道は拓《ひら》く

通過地点の様子を書き出していくと、「これこそ自分のやりたかったことだ！」と、改めて確信するかもしれません。一方、「これは私に向いていない」と悟るかもしれません。

どんな道のりでもゴールまでに30個ぐらいのステップがあると述べましたが、それをひとつずつ紐解いていくと、もっと増えていきます。

たとえば、お店の内装だけでも細かいステップが30個ぐらいあるかもしれません。壁紙はこんなイメージで、照明はこんなアンティーク風で、テーブルは、椅子は、花瓶は、メニューは、さらに、厨房は、トイレは……などと、こだわり出したらきりがないでしょう。

そこで、「大変だ」「面倒くさい」と感じるのであれば、それは、あなたの道ではないのかもしれません。

自分の道であれば、大変と思うところがあったとしても、それが全然気にならないほどアイデアが湧いてきて、「やったー！」と心が躍ったり、興奮したり、楽しくなったり、体が熱くなったりするものです。どんどん想像が膨らんで、いろいろなシーンが頭の中を駆け巡り、「えー、こんなこと起きていいの〜」なんてニヤニヤしてしまうこともあります。

細部を詰めれば詰めるほど気分がウキウキ、ワクワクしてくること、それが、その人のライフワークです。

勘違いしないでいただきたいのは、「紙に書いたら何でも叶う」ということではありません。紙に書くことで、やりたいこと、やりたくないこと、次にやったらいいことがわかるだけです。

そういう意味では、紙に書くのは、あくまでも最初のステップなのです。自分で書いたものを見て、これこそがやりたいことだとワクワクしてきたら、そのまま進めばいいでしょう。

逆に、書いてみたら、「あまりやりたくない」と気づくかもしれません。いずれにしろ、書き出してみると、次の道が見えてきます。途中、いろんな障害が出てきて、簡単にはいかないはずです。その目標が高ければ高いほど、時間がかかります。そして、何度も諦めそうになることもあるでしょう。

でも、**「その人の道であれば、必ず拓く」**のだと思います。これは、アストロロジャー（占星術）の來夢《らいむ》さんに教わった言葉です。

どれだけ頑張っても、うまくいかないときはうまくいかないのです。

でも、ある程度本気でやってみないと、それはわかりません、ちょっと努力しただけでは、簡単に道が拓くわけではないからです。

その本気を出せるか、というのが、ひとつの分かれ道かもしれません。

ほとんどの人たちは、何かをやろうと思ったとき、ステップの多さに気づいて気後れしてしまいます。面倒くさいけど、その多くの課題を乗り越えたいという情熱があるかが試されます。気にならないぐらい頑張れるかどうかが試されます。

情熱がない、頑張れないなら、そこにあなたの才能がないということでしょう。

でも、「自分はダメだ」とがっかりする必要はありません。

実は、私は子どもの頃から弁護士として活躍したいと夢見ていました。ですから、大学は法学部に進みました。

そして、実際に活躍している弁護士とはどんな人たちか興味が湧いてきて、インタビューしたり、仕事に同行させてもらったことがありました。

そうしたら、雑居ビルにあるオフィスから、カビ臭い図書館か裁判所に行き、退屈で難しそうな本を読み、問題を抱えてイライラした依頼人に会って、気が滅入ってしまいました。

弁護士という職業は、イメージがかっこよかったので憧れていましたが、現実の活動を見て「あんまりワクワクしないなぁ」と思ったのです。

人によっては、そんなこと全然気にならないし、むしろカビ臭い本を読めるのがうれしい、依頼人の思いに応えたいという人もいるでしょう。地味な作業であっても、法律を使って仕事をすることに無上の喜びを感じる人が弁護士に向いているのです。

せっかく法学部まで行ったのに、自分には向いていないと気がついたときには、落ち込みました。「ああ、何でそんなことを事前に調べもせずに大学を受験してしまったんだろう」とため息をついて、暗い気持ちになったことを思い出します。

どんな仕事にも面倒な部分、嫌だと思う部分があります。料理人が細かい食材の準備をする、クリーニングの前に染み抜きをする、アーティストが絵の具を混ぜたり、パレットをきれいに洗うなど、どんな職種にも面倒で地味な作業があるのです。「そんなの当たり前。情熱で乗り越えていける」と思えるなら、そこにあなたの才能があります。

人生とはおもしろいもので、自分の描いた点と点が必ずしもスムーズにつながっていくとは限らないのです。やってみて途中で変更というのもありですが、何事も動き出してみないと始まりません。

自分の中にあった「人生のシナリオ」を発見する

通過地点の様子を先に書いていくというのは、恋愛だったら、その日に書く日記をデートする前に書いてしまうようなものです。

その日の朝起きたらすぐに、「今日は○○さんとデートをしました。私は○○さんがすごく好きで、○○さんも自分のことをすごく好きだということがわかって、今、とても幸せな気持ちです……」などと書いてしまうのです。すると、本当に書いた通りのデートになったりします。

不思議なことに、「書く」という作業をしていると、自分の中にもともとあったシナリオが浮かび上がってきます。

それは、その人が持って生まれたシナリオなので、その通りに現実が動くのは当たり前なのです。

これは私の仮説ですが、人は、すでにいろいろなシナリオを持って生まれてくると思っています。

独身のシナリオ、結婚するシナリオ、子どもを持つシナリオ……。

会社員になるシナリオ、起業するシナリオ、作家になるシナリオ……。

海外に暮らすことになるシナリオ、海外と往復生活をするシナリオ……。


そうしたシナリオがすでに自分の中にあり、**「日々の選択によって、どのシナリオを演じることになるかが決まる」**のだと思います。

たとえば、デートに誘われたときにOKするかどうか。2回目、3回目のデートに誘われたときに出かけていくか、また、プロポーズされたときにイエスと言うか……。

あるいは、独立するチャンスにイエスと言うかどうか、転職するチャンスにイエスと言うか……。

それとも、どのチャンスにもノーと言うことだってできます。

人生には選択を迫られるいろいろな節目があります。

受験や就職試験のように、行きたいと希望しても行けないことがありますが、人生のストーリーの大部分は、複数の選択の上に成り立っています。

あらかじめインストールされている複数のシナリオのうち、**「今回の人生でどのシナリオを生きるのか、自由意思はあなたの中にある」**のです。

書くことによって通過地点がクリアになればなるほど、もともとインストールされているシナリオが複数見えてきます。

その中で、最もあなたの才能が生きて、あなたが輝くものを選び取ることもできるし、今の延長線上の生き方を選んでもいいのです。

もし、あなたが今、あまり気乗りのしない人生を生きているのであれば、演じているシナリオが自分の幸せに貢献していないのかもしれません。

そういうときは、そろそろ人生を変えるタイミングなのかもしれません。

自分の「宿命」と「運命」を知る

その人がもともと持って生まれたシナリオで、選びがちなのは「宿命」です。あなたが生まれたときに、すでにほぼ決まっていることです。あなたが生まれたときの両親の性格、夫婦関係、経済状態、家族関係、仕事の状態などが、あなたの人生を形づくります。また、家族代々受け継がれてきたノリのようなものもあります。

たとえば、代々、女性が強いという家系があります。そういう家系で生まれ育った女性は、ついつい男性に厳しく接したり、指図をしてしまいがちです。

それに気がつかず、努力もせずにいると、結婚しようと思っても男性と縁遠かったり、結婚したとしても、夫がおとなしくて主義主張のない人だったりします。そういったものが、その人の持って生まれた「宿命」です。

経済面でもそうです。あまりお金はないし、代々野心がなくて、とりあえず生活できればいいという人が多い家系に生まれた人は、よほどのことがない限り、お金持ちにはなれません。なぜかというと、お金持ちの思考がないのとモチベーションがないからです。

代々医者の家系であれば、やっぱり医者になりがちだし、歌舞伎の家に生まれた人は、よほどのことがない限り歌舞伎を継ぐでしょう。親子代々、公務員の人は、自然に公務員を選ぶのではないでしょうか。

それは、いい・悪いの問題ではなく、自分が生まれた環境の中で選びやすいものを選んだという事実です。

しかし、そういう場合、自分の人生を選択したようでいて、実は選択していません。気がついたら、なんとなく選んでいたのです。

それが宿命です。それは、田舎道にできた轍《わだち》のようなもので、そこから出ることもできるけれど、なんとなくそこにはまったまま、進んだほうが楽なのです。

こうした宿命を変えたいと思ったら、紙に書くことがあります。
何を書くかというと、自分が持って生まれてきた宿命についてです。あまり努力をしなければ、これから自分の人生はどうなっていくでしょうか。

とりあえず、だいたいこうなりそうだという未来の自分は見えているはずです。結婚しそう・しなさそう。お金に恵まれそう・恵まれなさそう。仕事で成功できそう・できなさそう。健康的に生きられそう・病気がちになりそう。

そういう未来の可能性を書いていくうちに、こんな未来は嫌だなぁ、と心から感じられるポイントが出てくるようになります。

書くことで、自分の中にある違うシナリオに意識を向けることができます。

本当は海外に住んでみたかった、アート関係の仕事をやりたかった、結婚したかったという思いに気づくことができます。

そういう自分のやりたいことに気づき、そちらに舵《かじ》を切っていくことができたとすれば、それが運命だといえるでしょう。

自分を活かすよう選んだシナリオは「運命」です。運命を生きるためには、宿命を変えるのですから、そう簡単ではないかもしれません。

宿命で選んだ公務員を辞めて独立するというのは、ものすごいエネルギーを要することです。宿命で選んだ結婚相手と離婚するのも同様、宿命に抗《あらが》うというのは大変なことなのです。

自分で選んだ新しい何かをやろうとしても、安全に生きようという宿命に飲み込まれてしまうかもしれません。これからの人生、好きなことをして、ワクワクしながら生きようと思ったら、自分の運命を切り開かないといけないのです。

そのためには、宿命から出て、自分の人生をつかみ取る必要があります。

自分にとっての運命とは何か？

自分の中に眠っているシナリオとは何か？

書くことによってぜひ、心の中を真剣に見つめてみてください。

「理想の未来」を思い出す

実際に、最高の未来がいつ実現するかは、人によって時間差があります。

私の場合は、作家で世界デビューを思い描いてから、実際に実現するまでに、20年近くかかりました。

人によっては、5年でできたという人もいますし、10年かかったという人もいます。

私自身が経験したように、どれだけ時間がかかったとしても、必ずやり遂げると思っていれば、そして、その道が自分の道であれば、必ず点と点が結ばれてゴールに到達すると思っています。

最初は、なかなか次の点と結ばれず、前に進めないというときもありますが、あるとき急にスピードアップしたり、場合によっては途中の10キロはすっ飛ばしてゴールインということもあります。

たとえば、出店のための資金繰りを考えて銀行から借りる手はずを整えていたら、親が出してくれることになったとか、友達が出資してくれるとか、空いている店舗を無償で貸してくれることになったとか、ラッキーなことが起きるかもしれません。すると、そこのいくつかの点は飛ばすことができるのです。

私もたくさんの人に応援してもらったり、助けてもらったりしながら、今の状態に到達しました。出版のメンターに教えを請い、何万人という読者の応援なくしては、不可能だったでしょう。私にはただ感謝しかありません。

考えてみれば、日本でベストセラー作家になるまでに5年。世界的デビューを果たすまでに、そこからさらに15年以上かかりました。

その間、私は一日も休まずに、ずっと原稿を書き続けてきました。

同時に、どんな通過地点を通れば世界的な作家として活躍できるのか、あれこれ想像したり、実際に作家にインタビューに行ったりしながら、できることはすべて実践してきました。

書斎には常に英語を流し、ネイティブ英語を話すアメリカ人スタッフと打ち合わせをしたり、私が書いたメールや原稿を見てもらったりしました。

その間も、将来起きそうなことをあれこれとイメージしました。アメリカ、中国、ヨーロッパとしょっちゅう行き来するようになり、世界的なベストセラー作家が集まる場に、ドギマギしながら参加している自分の様子を思い浮かべました。

そして、ニューヨークのエージェンシーとの契約、素晴らしい編集者との出会い、英語での執筆、打ち合わせ、装丁のアイデア出し……。

そのすべてを、数年後になぞるように体験していきました。実際に、その場になると、想像したのと違うことが多かったですが、大筋は、外れていなかったと思います。すべてをここには書ききれませんが、そのひとつひとつが現実のものとなり、劇的な変化が起きて、ポンと上の世界に連れて行ってもらいました。結果的に、ありえない未来として思い描いていたことがほぼすべて現実となりました。

夜な夜な、そんな未来日記を書いていた私は、ひとりでニヤニヤしたり、笑い声をあげたりして、きっと怪しかったことでしょう。でも、もし、あなたが書いたことが本当に叶うとしたら、やってみたいと思いませんか？

あなたも、紙に書くことによって、あらかじめ自分の中にインストールされている未来を思い出すことができます。

それには、ちょっとした練習も必要です。

何度も何度もくじけそうになりながら、未来を書き続けていくのです。

そのうち、それが、幻想なのか、本当の未来なのかわからなくなってきます。

その未来への通過地点の様子をスラスラ書いているうちに、現実感も出てきます。

次から次へとストーリーが浮かんできて、もう現実に体験している気分になってくると、しめたものです。

その未来は、しばらくの時間差で、必ず実現します。

なぜなら、あなたの中にもう、その未来は存在しているからです。

何度も言いますが、**スタート地点では、あなたの夢は、単なる妄想、幻想、白昼夢**

でしかないのです。実際に、周りの人たちもそう思うでしょうし、あなた自身もどこかで自信がないと思います。

でも、今、世界的に成功している人たちも、みんなそこからスタートしています。最初から、家族、友人、周りの人に全面的にサポートされた人には会ったことがありません。どちらかというと、すごく批判されたり、場合によっては、親から勘当された人もいます。

その逆風は、あなたが飛ぶために吹いています。

向かい風が全くないと、飛行機は飛べません。

最初は、ごく身近な人の批判や反対に出会うと、あんまりポジティブに感じられないかもしれません。

でも、どうしてもその夢を諦められず、本気で実現しよう！　と考えて行動し続けたら、必ずいつか、夢は叶います。

私は、それを信じています。

あなたの未来を書く

さて、この本も終わりに近づいてきました。

あなたは、自分の素晴らしい未来について、書きたくなりましたか？

それとも、まだ何を書いたらいいのか、迷っていますか？

あなたが何を書いても、それが大きな問題になるわけではありません。なので、心配せずに想像力を自由に働かせて、あなたの最高の未来を書いてみましょう。

自分の可能性を信じて、「こんなことが実現したら、うれしすぎて死んじゃいそう!!」ということを書くのです。

理想の未来を生きているあなたは、どんなワクワクを感じていますか。

どこで、何をしているでしょうか。

どんな人と日常的に時間を過ごしているのでしょう。

日々の生活の中で、最もワクワクすることは、どんなことでしょうか。

収入は、どれくらいあって、どんなところに住んでいますか。

家族や友人との関係はどうでしょうか。

休暇は、どういうところで、どんな時間を過ごしているのでしょう。

あなたのライフワークは、どれくらい成功していますか。

あなたに感謝してくれている人はいますか？　何人ぐらいだと思いますか。


素晴らしい未来を書いていると、「やっぱり無理かな〜」と不安になるかもしれません。それは、幸せに成功している人も、ある時期までは体験していたことです。

でも、彼らは、自分への疑い、周りの批判に負けなかった結果、うまくいったのです。あなたが、めげそうになったら、ぜひ、このことを思い出してください。

最高の人生を生きている自分をイメージして、最高の人生を生きている自分に助けてもらってください。

書き方まとめ

1　最高の未来を書く　86、145ページ

ありえない最高の未来を想像し、本気で決めて書く。
できるだけ具体的に想像して書く。

2　感情日記をつける　122ページ

一日の中で、どんなときに、どんな感情を持っているか。
何が嫌か、苦しいか、悲しいか。反対に、何にワクワクするか。

3　自分の才能をすべて書き出す　135ページ

得意なこと、好きなこと、ワクワクすることを書き出す。
反対に、苦手なこと、やりたくないこと、自分の欠点だと思っていることを書き出す。

4　自分の夢と順番を書き出す　150ページ

自分の夢を思いつく限り、すべて書き出す。
それを、どんな順番で叶えたらいいか、点と点を結んで線にしていく。
その途中で、不要なものに気づいたら省いていく。

5　目的地までのステップをすべて書き出す　158ページ

現在地からどんなステップがあるかを書き出す。
目的地（未来）から逆算して、どんなステップがあるか書き出す。
書き出したら、それが的外れなステップでないかどうか検討する。

6　夢への通過地点の様子をアリアリと書き出す　163ページ

作家になるなら、編集者に原稿を読んでもらっている様子、
編集長とプロモーションについて打ち合わせしている様子など。
できる限り、具体的に書く。

7　宿命について書き出す　175ページ

両親の性格、夫婦関係、経済状態、家族関係、仕事の状態など。
できれば、祖父母やおじ・おばなどについても書き出す。

あとがき

この本を最後まで読んでくださって、ありがとうございました。

何十万冊もの本の中から、この本を手に取ってくださっただけでもとっても感激ですが、最後まで読みきってこのページまでたどり着いたあなたに、心から感謝します。

作家として活動を続けているのは、読者のみなさんが自分の人生と向き合い、理想へと変えていく姿を見ることに、私が深い喜びを感じるからです。

この本をきっかけに、あなたが自分の夢を思い出し、素晴らしい未来を思い出せたとしたら、きっと、そこに行き着くことができます。

私自身がこの20年、大きく人生を変えてきました。育児セミリタイヤして、娘のために平和な世界を夢見る平凡なパパから、世界で出版、講演するチャンスに恵まれるようになりました。当時は信じられないような夢が、次々に叶ったのです。

もちろん、すべてのことが、偶然に、楽に起きたわけではありません。

20年前にやったことは、今の状態をイメージすることです。そこから、少しずつ近づく努力をしました。途中大変なこともありましたが、とってもワクワクする、楽しい旅となりました。最初は、絶対に無理だと思っていたのに、徐々に夢が実現し、次の扉が開き、すごいチャンスが次々と舞い込んできました。それをつかむと、また新しいドアが開きました。今、改めて振り返ってみると、奇跡の連続だったように思います。

途中、一緒にデビューして活躍していた作家が一人消え、二人消えしていきました。20年の間に、どれだけの作家が現れては、数冊出して消えていったことでしょう。その間、ずっと第一線で活躍できただけでなく、ステージをグレードアップし続けてこられたことに、感謝しかありません。

この20年に私の身に起きたことは、常識的には、ありえないことだと思います。何度も、作家として消えてしまう可能性があったのに、ポジショニングを変えて、ベストセラーを出し続け、大きくステージアップすることができました。

普通だと、処女作がヒットした作家からは、それ以上のベストセラーは出ないものです。そういうことを知っていたために、繰り返しベストセラーを出す方法を研究してきました。たくさんのメンター、出版社、書店、読者のみなさんの応援のおかげで、140冊以上出版し、累計で800万部近くになりました。『ユダヤ人大富豪の教え』はミリオンセラーになり、10万部以上売れた本も、10冊以上あります。

日本人作家として珍しく、単独でニューヨークの大手出版社と契約し、世界30カ国以上で出版契約を結ぶことができました。日本の出版社に頼らず、英語で執筆し、世界中の出版社と契約することは例がないようです。帰国子女でもなく、留学経験もない私が、英語で本を書き上げたことに、自分がいちばんびっくりしています。

アメリカ、イギリス、カナダ、オーストラリアなどの英語圏、そして日本では、もう発売済みです。これから翻訳ができ次第、ドイツ語、ロシア語、スペイン語、ポルトガル語、ポーランド語、ギリシャ語、チェコ語、中国語、タイ語、ベトナム語、アラビア語版が出版されていきます。

それも、本書でお伝えしたことを、着実に実践した結果として起きました。


あなたは、今どんな毎日を生きているでしょうか？

もし、退屈だなぁ、このままでいいのかなと思っていたら、そこが宿命と運命の分かれ道です。これまでの延長線上の人生、または、違う人生を選ぶこともできます。

繰り返しお話しした通り、自分の宿命と向き合うことが、スタートです。

未来のあなたから、エネルギーをもらってください。

そして、自分の中にある可能性を見出しましょう。

今のあなたに、実績、自信、お金、人脈、才能、時間がなくても、大丈夫です。そういうものは、あとからついてくるものです。

あなたに必要なのは、「好奇心」だけです。

未来のあなたが、呼んでいます。

そろそろ、本当の自分の人生を生きるタイミングが来たと！

あなたの目の前には、選択肢があります。

自分の内なる声を無視し続けるか、それとも今、耳を傾けるか。

あなたの心の声は、今なんて言っていますか?

それを聞くところから始めてください。

そろそろタイミングがきたかなと感じた人は、グズグズせずにスタートしましょう。人生で足踏みしている時間ほどもったいないものはありません。

やってみて、うまくいかなければ、別の方法を探せばいいのです。

気になっていること、ワクワクしたり、ずっとやりたかったことを始めてください。

きっと、楽しんでできると思います。

晩夏の八ヶ岳書斎にて　本田　健

本田 健（ほんだ けん）

作家。神戸生まれ。
経営コンサルタント、投資家を経て、29歳で育児セミリタイヤ生活に入る。4年の育児生活中に作家になるビジョンを得て、執筆活動をスタートする。「お金と幸せ」「ライフワーク」「ワクワクする生き方」をテーマにした1000人規模の講演会、セミナーを全国で開催。そのユーモアあふれるセミナーには、世界中から受講生が駆けつけている。大人気のインターネットラジオ「本田健の人生相談〜Dear Ken〜」は4000万ダウンロードを記録。世界的なベストセラー作家とジョイントセミナーを企画、八ヶ岳で研修センターを運営するなど、自分がワクワクすることを常に追いかけている。2014年からは、世界を舞台に講演、英語での本の執筆をスタート。著書は、『ユダヤ人大富豪の教え』『20代にしておきたい17のこと』（大和書房）、『大富豪からの手紙』（ダイヤモンド社）、『きっと、よくなる!』（サンマーク出版）、『大好きなことをやって生きよう!』（フォレスト出版）など140冊以上、累計発行部数は700万部を突破している。2019年6月にはアメリカの出版社Simon&Schuster社から、初の英語での書き下ろしの著作『happy money』をアメリカ・カナダ・イギリス・オーストラリアで同時刊行。また同作はヨーロッパ、アジア、中南米など、世界25カ国以上の国で発売されることが決まっている。

本田健 公式HP（日本語）　http://www.aiueoffice.com/
本田健 公式HP（英語）　http://www.kenhonda.com

「未来を書く」ことで、どんどん夢は実現する

2019年10月10日　第1刷発行
2020年 9 月10日　第2刷発行

著　者　本田　健
発行者　永岡純一
発行所　株式会社 永岡書店
〒176-8518
東京都練馬区豊玉上1-7-14
代表:03-3992-5155　編集:03-3992-7191
DTP　センターメディア
印刷　精文堂印刷
製本　ヤマナカ製本

ISBN978-4-522-43556-4　C0034

別冊付録

あなたの人生を変える
36の質問ノート

書いた人から、
ありえない未来の
扉が開く

最高の質問が
最高の未来をつくる

さあ、ここでは、「書けない」と悩んでいるみなさんのために、たくさんの質問を用意しました。

書くことによって、普段自分では意識していない、自分の中に眠る未来を見つけていきましょう。

すでに自分の感情や未来のイメージをスラスラ書けるという人もぜひ、活用してください。というのも、自分ひとりで考えられることは、それまでの人生で経験したことからハミ出していない可能性があるからです。

親も親戚もサラリーマンという環境で育った人は、自営業やフリーランスという生き方をなかなか想像できないでしょう。しかし、その反対もあって、自営業の家系で育った人は、会社組織をつくるといってもピンと来ないかもしれません。

このように、現在のフェーズ（面）からハミ出して、今まで想像もしなかったようなことを考えない限り、新しいフェーズには行けません。

たとえば、私は今、海外で本を出版し、世界規模で講演活動やセミナー活動も展開していこうとしています。その場合、日本語の世界から出て、英語の世界で活躍するとはどういうことなんだろう、と想像しないと始まりません。

海外に行って仕事をするといっても、たいがいの場合は海外に住む日本人を対象にした講演やサービスだったりするでしょう。そうした従来のやり方ではなくて、そこから飛び出して、異国という舞台で、英語で活躍するという今までやったことがない世界を想像するのです。

でも、こうした想像は、実は突拍子もないことではありません。誰でも、この世に生まれるときは無限の可能性を持って生まれてきます。しかし、生まれた環境などによって選択を重ねた結果、その中の一本の道筋を生きているわけです。

だから、今いる状況からは考えられないような突拍子もない想像をすることによって、今まで選択してこなかった道筋（未来）があったことを再発見するというイメージです。

そう、あなたの中にもともと存在していた複数の未来を再発見するのです。

そうした自分でもわからない可能性を探るために、あらゆる角度から自分に質問を投げかけ、それに答えることによって、自分の無意識の中にある可能性を探っていきましょう。

一流の人ほど、一流の質問を自分にしているといいます。私もたくさんの自分への質問を考えて、折あるごとに、その答えを紙に書いてきました。今回は、その一端をご紹介しましょう。

質問は全部で6項目に分かれていて、各項目に6個の質問があります。計36問。最初は全く答えが思いつかないという質問も、繰り返していくうちに脳が柔軟になっていくでしょう。

答えを書くときは、書くことに集中して、あまり考えすぎないこと。

答えを書き終わってから読み直し、自分が書いたことの意味を考えて、そこにあるあなたの心の中の真実を読み解いてください。

現在の課題を
はっきりさせる質問

これは、自分の現在地を知るための質問です。今、人生に対して不満に感じていることを書き出し、同時に、幸せなこと、満足していることも書き出します。

1　今、人生で不満に思っていることは？

自分自身について、日々の仕事、職場の人間関係、パートナーや家族との関係についてetc.

2　今、改善できたらうれしいことは？

今の部署からの異動、給料、家事の時間の短縮、パートナーシップetc.

3　今、絶対嫌なことは？

パートナーがいない、パートナーの浮気、職場の上司、通勤電車etc.

4　今、日々の生活で小さな幸せを感じることは？

ベランダで育てているハーブ、子どもが元気なこと、ペットとの時間、趣味の神社巡りetc.

5　今の人生で満足しているところは？

友情に恵まれている、好きな部屋に住んでいる、結婚できた、ボランティア活動etc.

6　5年後、今のままだったら嫌な分野は？

サラリーマン生活、収入、独身、夫婦関係、住まいetc.

目標を設定するための質問

自分のやりたいことを具体化し、モデルとなる人を見つけ、最初の一歩を踏み出すための質問です。答え終わったら、じっくり読み返してください。どの方向に踏み出せばいいかわかるでしょう。

1　これからやっていきたいことは？

今の生活の延長線上で考えてみよう。英語を習いたい、趣味の作品を展覧会に出したい、歌のコンクールに出てみたいetc.

2　こんなことができたらスゴイということは？

留学、フリーランスとして独立、起業、海外移住etc.

3　神様に夢が実現できると言われたら？

現実からかけ離れているが、無理ではないことを考えてみよう。お店を持つ、起業する、セミナーを開く、クリエイターになるetc.

4　3の目標をすでに叶えた人はどこにいる？

主婦からお店を3軒始めた人、サラリーマンから小説家になった人など、ネットで探したり、友人に聞いてみよう。

5 自分がそうなるには どういうステップがあるか？

その人の変化のプロセスを調べる、セミナーに出る、そうした人の運営を手伝って勉強するetc.

6 そのための最初のステップは？

まずひとつだけ決める。教室に通う、気になる小説を死ぬほど読んでみるetc.

今の自分では
わからないことに
挑んでいくための質問

自分が今いる“箱”の外を見てみましょう。今の自分の思考をリセットし、人間関係も環境も捨てて再度、何を選び直すか？　そう考えてみると、思いもかけなかったインスピレーションが得られるでしょう。

1　生まれ変わったらやりたいことは？

小さい頃好きだったこと、得意だったことを思い出してみよう。歌手、ピアニスト、画家、先生、農業、神主etc.

2　今の人生を2段階グレードアップしたら、どんな人生が待っているか？

出版のチャンスをもらった上に、ベストセラーになる。今の会社で役員になって、その業界を改革するポジションを手に入れるetc.

3　憧れている人、この人とだったら人生を取り換えてもいいと思う人は？

著名な経営者、発明家、映画監督、俳優・女優、ミュージシャン、モデル、作家etc.

4　宝くじで3億円当たったら何に使うか？

人はお金という制限に縛られがち。それを外して自由に発想しよう。留学する、アートを有名な先生に習う、生活の家とクリエイティブのための家を2軒持つetc.

5 今の時点で人生を総とっかえしていいという権利をもらったら、どういう人生にするか?

国際会議に出るような著名人になって自家用機で飛び回る、全く違うパートナーと愛があふれる暮らしをする、すごいお金持ちと結婚して専業主婦になるetc.

6 何でもいいから才能を3つくれると神様が言ったら、何が欲しい?

話すこと、書くこと、料理する、歌う、踊る、癒す、仕切る、ファッションセンス、英会話力etc.

自分を幸せにする質問

普段、すっかり忘れていて、あるのが当然すぎて思い出せないことを思い出しましょう。

1　寝る前に今日を振り返って、感謝できることを4つあげる

仕事をほめられた、重い荷物を持ってくれる人がいた、食事が美味しかったetc.

2　自分の幸せに貢献してくれている3人の名前

3　自分の人生を幸せにしてくれた3つの出来事

親と仲がよかった、子どもが生まれた、尊敬できる師匠に出会えたetc.

4　これから起きそうな楽しい3つの出来事

素敵なパートナーが見つかる、新しい仕事を始める、引っ越しをするetc.

5 今の自分の人生（幸せ）から奪われたら嫌なもの3つ

健康、好きなときに旅行ができる自由、家族etc.

6 不幸な人になくて、自分にあるもの3つ

やる気、誰とでも仲良くなれる性格、パートナーとの信頼関係etc.

自分を癒すための質問

　怒りやイライラといったネガティブな感情の中に昔の傷が隠れています。その傷に気づき、許したり癒したりすると、すべての人間関係が良好になります。仕事の成功も愛ある人間関係という土台があってこそ。

1　自分の癒されていない部分は？

どんなときにすぐ怒ってしまう？　イライラするのはどんなとき？

2　まだ許せていない人は？

父親、母親、きょうだい、小学校時代の同級生etc.

3 その人と何があったのか？

許せないと思った出来事を書き出そう。

4 その人はなぜ、それをやったのか、やらなかったのか？

相手の立場になって考えてみよう。

5 その人の状態を理解したうえで、許したいかどうか？

6 いつから癒したいか？

いつから癒やしをスタートしたいと思っているか。

人生の目的を見つけていくための質問

社会の役に立つこと、個人的なこと、何でもいいから、やりたいことを書き出しましょう。それが個人的なことであっても、好きなだけやるとその道のプロになり、それが仕事になります。

1　今の世の中で残念だと思うことは？

環境問題、犬猫殺処分、子どものいじめ、介護問題etc. 心が痛むのは、そのことに共感しているからです。それがライフワークになる可能性があります。

2　人生を賭けてやりたいと思うことは？

教育システムの改革、医療制度の改革、母親支援、芸術活動、農業etc.

3 これをやらなかったら死ねないと思うことは？

作家になる、自分の会社を経営する、結婚する、子どもを持つ、世界一周するetc.

4 一生、経済的自由を保障されたらやりたいことは？

財団を立ち上げて困っている人を助ける、国際会議に出て世界の問題を語り合う、世界の美術館を見て回る、世界で食べ歩きをする、聖地巡りをするetc.

5 世の中こうなったらいいのになと思うことは？

子どもがのびのび暮らせる、女性が笑顔でいる、家族が仲良くする、リサイクルがもっと進む、政治に無駄がなくなる、ご近所さんで助け合う、犯罪がなくなるetc.

6 ごく身近なことで心からワクワクすることは？

友達に料理を作る、誰かに誰かを紹介する、スピリチュアルツアーに行く、人前で話す、歌う、アロマオイルを調合する、マッサージする、映画について語るetc.

さあ、開いてみよう。新しい人生の扉を

自分への質問、いかがでしたか？

誰でも日頃から意識に上ってきているのに、それをずっと無視し続けていることがあるでしょう。ニュースを見たときに心がチクッと痛んだり、逆に「いいなぁ」とちょっとうらやんだりすることは、あなたの才能のありかです。

レストランに入るたびに、「残された食べ物はどうなるんだろう」という思いが心をよぎる人は、地球環境に関心があるのです。「今の子は塾や勉強ばかりで大変だなぁ」と思う人は教育問題を何とかしたいのです。それを意識するとライフワークにつながる可能性があります。

教育に関心があるなら教師になるだけでなく、政治家になって教育改革をする、自由な学校を立ち上げる、郊外活動でモノづくりを教える、子どもではなく母親のサポートをするなど、あなたの才能によって可能性は無限に広がります。

それは社会的な活動だけでなく、自分が大好きな個人的なことでもＯＫです。

たとえば、世界中を食べ歩きしたり、世界のスピリチュアル聖地を巡ったり、どんなことも極めればその道のプロとなり、ツアーを計画してガイドになるなど、仕事に発展する可能性があるのです。

あなたの意識が変わると人生が動き出しますから、定期的にこの質問に答えてください。

そして、その答えを読み返し、探偵になったつもりで謎解きを

しましょう。

新しい扉はどこにあるのか？

自分を取り巻く“箱”を取り換えるとしたら？

自分のホンネをしっかり見極めましょう。

そして、やりたいことが見つかったら、今が何歳であっても始めればいいのです。

70代、80代で結婚した人がいますし、子どもを持つことはできなくても、子ども周辺の仕事はできます。

作家になりたかったら本を書けばいいし、歌手になりたかったら、有名な歌手にはなれないかもしれませんが、周りの聴いてくれる人のために歌えばいいのです。

「この歳で……」と言う前に行動です。

さあ、新しい扉を開きましょう。